代 君◎编著

短视频运营

实战手册

快手+抖音

中国铁道出版社有限公司

CHINA RAILWAY PUBLISHING HOUSE CO., LTD.

内 容 简 介

本书针对快手和抖音两大视频软件进行解读，帮助广大短视频运营者打通快手、抖音运营。

书中快手篇从快手的入门知识、内容选取、视频生产、引流推广、粉丝运营、营销技巧和高效获利7个方面进行讲解，帮助运营者快速精通快手运营的技巧。

书中抖音篇从抖音的建号养号、企业账号、实用功能、视频运营、直播运营、引流增粉和获利转化7个方面进行讲解，对抖音运营的技巧进行详尽解读，让各位读者一学就会。

本书既适合初入短视频行业的运营者快速精通快手、抖音运营，也适合拥有一定运营经验的运营者快速提高运营技巧，让短视频盈利变得更加高效。

图书在版编目（CIP）数据

短视频运营实战手册：快手+抖音/代君编著. —北京：中国铁道出版社有限公司, 2021.3
ISBN 978-7-113-27647-8

Ⅰ.①短… Ⅱ.①代… Ⅲ.①网络营销-手册 Ⅳ.①F713.365.2-62

中国版本图书馆CIP数据核字(2021)第016429号

书　　名：**短视频运营实战手册（快手＋抖音）**
DUANSHIPIN YUNYING SHIZHAN SHOUCE (KUAISHOU+DOUYIN)
作　　者：代　君

责任编辑：张亚慧　　编辑部电话：（010）51873035　　邮箱：lampard@vip.163.com
编辑助理：张秀文
封面设计：宿　萌
责任校对：焦桂荣
责任印制：赵星辰

出版发行：中国铁道出版社有限公司（100054，北京市西城区右安门西街8号）
印　　刷：北京铭成印刷有限公司
版　　次：2021年3月第1版　　2021年3月第1次印刷
开　　本：700 mm×1 000 mm　1/16　印张：18.5　字数：274 千
书　　号：ISBN 978-7-113-27647-8
定　　价：69.00 元

| 前 言 |

近年来，短视频行业飞速发展，各种短视频平台不断涌现。而刷短视频似乎也成为许多人茶余饭后的一种重要消遣方式，原本喜欢追逐打闹的孩子们开始刷起了短视频，原本喜欢追剧、玩游戏的年轻人开始刷起了短视频，原本喜欢看并分享养生类文章的中老年人也刷起了短视频。

虽然市面上的短视频平台很多，但是如果要说其中较具影响力的短视频平台，那无疑是快手和抖音。可以说，喜欢刷短视频的人，十有八九都刷过快手或抖音短视频。也正因如此，快手和抖音发展迅猛，逐渐成为短视频领域中的佼佼者。

在这种形势下，许多人都看到了快手和抖音中的发展机遇。于是，许多自媒体运营者纷纷入驻快手、抖音平台；实体店运营者也纷纷通过快手、抖音平台为店铺引流；许多明星开始通过快手、抖音吸粉，增强自身的影响力；甚至连一些毫无短视频运营经验的普通人也开始入驻快手和抖音，开始他们的获利之旅。

诚然，快手和抖音平台都拥有庞大的流量，其中也包含各种机遇。如果你拥有一定的运营技巧，那么就有可能从默默无闻的人，一夜之间变成拥有强大带货能力的网络达人。

但是我们也应该明白，随着越来越多人不断涌入快手和抖音平台，用户每天可以看到的短视频内容越来越丰富，而通过短视频在快手和抖音上走红的难度也变得越来越大。在这种情况下，如果你还不懂得如何进行快手和抖音运营，那么你可能难以抓住快手和抖音平台中的各种机遇。

虽然快手和抖音平台蕴含了许多发展机遇，但是绝大部分人在运营过程中没有进行必要的学习，而是仅仅依靠自己慢慢摸索。这部分人很难系统地掌握快手、抖音的运营技巧，甚至连快手、抖音的相关信息页都不能及时获取，也就更不用说把握住快手、抖音的运营机遇了。

另外，还有一部分运营者，专注于单一平台的运营，只做快手运营和抖音运营。这样固然更能集中精力，但也容易因此失去一些机遇。毕竟运营者同时运营的平台越多，营销推广信息传播的范围就会越广，接收到营销推广信息的用户也会越多，营销获利的效果自然也会越好。

其实，在做快手和抖音的过程中，如果进行了必要的学习，那么就能快速入门，甚至精通运营。只是许多运营者有学习运营的心，却难以找到合适的参考资料。因为现在市面上的快手、抖音类图书虽多，但其中很多都只停留在理论的层面，即便看后也不知道如何具体进行操作，并且这些书通常都只是在讲快手或抖音运营，不能将两者进行完美结合，这对同时运营快手和抖音的运营者来说显然不太适用。

针对上述情况，作者结合个人运营经验编写了本书。与市面上大部分快手、抖音类图书不同的是，本书立足于实践，书中的内容都会结合具体案例进行解读，大家一看就懂，一学就会。

本书将快手和抖音的干货知识进行提炼，通过对本书的学习，运营者可以在较短的时间内快速掌握快手和抖音的运营技巧，打通快手和抖音运营，让获利更容易。

需要特别说明的是，本书是作者在运营的基础上提炼出来的，虽然核心内容具有广泛的适用性。但是因为每个运营者在运营过程中面临的具体情况不同，快手、抖音的更新升级比较快，部分细节可能也会与书中的内容存在一定的差异。所以在学习本书的过程中，各位运营者还需重点掌握相关的运营技巧，并结合自身的实际情况，找到更适合自己的运营方式。

本书由代君编著，参与编写的人员还有高彪等。由于知识水平有限，书中难免有错误和疏漏之处，恳请广大读者批评、指正。

编　者

2020年12月

| 目 录 |

第1章 新手入门：吃透快手运营的基础知识 / 1

001 清楚快手的前世今生 / 2

002 根据自身特长做定位 / 3

003 参照用户需求做定位 / 4

004 从内容稀缺性做定位 / 5

005 根据品牌特色做定位 / 7

006 设置快手账号的头像 / 8

007 设置吸睛的快手昵称 / 10

008 将用户ID升级为快手号 / 11

009 做好个人资料的展示 / 13

010 选用合适的封面图片 / 13

011 "发现"里找热点内容 / 14

012 "关注"你喜欢的账号 / 15

013 从"同城"中获得关注 / 16

014 保持良好的快手记录 / 16

015 选择合适的发布时间 / 17

第2章 内容选取：让你的快手运营赢在起点 / 19

016 重点做好原创视频内容 / 20

017 根据目标用户准备内容 / 21

018 通过生活场景连接用户 / 22

019 通过视频搬运打造内容 / 23

020 借助扩展法产出新热点 / 24

021 善用模仿法紧跟热点内容 / 25

022 通过吐槽来表达你的态度 / 26

023 借助个人的独特创意取胜 / 27

024 幽默搞笑让用户会心一笑 / 29

025 凭借视频内容传递正能量 / 30

026 反转剧情增强视频可看性 / 31

027 发现并记录生活中的美好 / 32

028 制作系列内容获取持续关注 / 33

第3章 视频生产：制作高质量的快手短视频 / 35

029 利用快手拍照积累视频素材 / 36

030 通过快手拍11秒和57秒视频 / 37

031 用快手K歌拍摄模式一展歌喉 / 37

032 在快手中将照片制作成小视频 / 40

033 通过相关App拍摄和发布长视频 / 41

034 借助快手"美颜"功能提高颜值 / 43

035 借助快手"魔法"功能设置贴纸 / 44

036 借助快手"变速"功能拍慢动作 / 45

037 借助快手"定时停"控制拍摄长度 / 46

038 借助快手"倒计时"功能做好缓冲 / 46

039 用"快闪视频"模板制作特色视频 / 47

040 为快手短视频配备合适的背景音乐 / 48

041 为快手短视频添加个性化字幕效果 / 49

042 借助快手"剪切"功能剪辑短视频 / 51

第4章 引流推广：创建快手账号私域流量池 / 53

043 通过原创短视频引流 / 54

044 通过短视频封面引流 / 55

045 通过"作品推广"引流 / 56

046 通过快手话题标签引流 / 57

047 通过快手直播功能引流 / 60

048 通过矩阵号打造吸粉 / 61

049 通过账号互推进行引流 / 62

050 通过内容造势进行引流 / 63

051 通过拍同框进行引流 / 64

052 通过拍同款进行引流 / 66

053 掌握快手视频引流技巧 / 67

054 将粉丝变为你的推广员 / 68

055 通过福利发放引起围观 / 69

第5章　粉丝运营：与快手用户形成紧密联系 / 71

056 做好精准的粉丝画像 / 72

057 通过热门视频评论吸粉 / 75

058 通过账号人设打造吸粉 / 76

059 通过参加快手活动吸粉 / 77

060 通过与大咖合拍吸粉 / 79

061 通过个性化语言吸粉 / 80

062 通过给他人转发视频吸粉 / 81

063 通过互关增强粉丝黏性 / 83

064 通过社群增强粉丝黏性 / 84

065 通过回复私信增强粉丝黏性 / 85

066 通过回复评论增强粉丝黏性 / 87

067 通过提高参与度增强粉丝黏性 / 89

第6章　营销技巧：增加快手用户的消费欲望 / 91

068 营销之前需进行充分了解 / 92

069 账号和产品都要推销到位 / 92

070 营销痕迹越弱效果会越好 / 93

071 营销中应适当展示产品优势 / 94

072 巧妙地产品植入更容易让人动心 / 95

073 活动营销：快速吸引目光 / 96

074 饥饿营销：制造紧缺气氛 / 97

075 事件营销：合理利用热点 / 98

076 口碑营销：提高用户好评 / 99

077 借力营销：寻求合作共赢 / 101

078 内容营销：增强视频吸引力 / 102

079 用户营销：满足用户的需求 / 103

080 品牌营销：提高名气和销量 / 104

081 跨界营销：增加产品覆盖面 / 105

082 反向营销：反弹琵琶有奇效 / 106

第7章　高效获利：成为快手账号运营的大赢家 / 107

083 针对获利做好分析 / 108

084 给出一个购买理由 / 109

085 通过广告植入获利 / 110

086 通过视频内容获利 / 111

087 通过快手小店获利 / 112

088 通过知识付费获利 / 113

089 通过精准流量获利 / 114

090 通过直播礼物获利 / 115

091 通过直播卖货获利 / 116

092 通过实体店铺获利 / 117

093 通过品牌效应获利 / 118

094 复盘以提高获利成效 / 119

095 在获利之路上需要坚持 / 120

第8章　建号养号：快速打造高权重的抖音号 / 121

096 行业定位 / 122

097 内容定位 / 123

098 产品定位 / 123

099 用户定位 / 124

100 人设定位 / 126

101 账号注册 / 127

102 账号取名 / 129

103 头像设置 / 130

104 简介填写 / 132

105 头图设置 / 132

106 其他信息填写 / 135

107 提高账号权重的动作 / 136

108 避免账号降权的行为 / 137

第 9 章　企业账号：蓝 V 认证为抖音运营增益 / 139

109 为什么要做蓝V企业号 / 140

110 蓝V企业号的现状及发展趋势 / 142

111 蓝V企业号让营销更加落地 / 144

112 认证蓝V企业号需准备的资料 / 145

113 认证蓝V企业号的具体步骤 / 147

114 如何设置蓝V企业号的昵称 / 149

115 认证后的5种独特外显特权 / 150

116 认证后的5种营销转化特权 / 151

117 认证后的5种客户管理特权 / 152

118 认证后的5种数据沉淀特权 / 152

119 5种蓝V企业号的常见玩法 / 153

120 企业号的运营应配备专业团队 / 156

121 把控住企业号视频发布的节奏 / 157

122 企业号的内容策划更应注意细节 / 158

123 企业号运营中品牌人设的塑造 / 159

第 10 章　抖音蓝 V：解锁更多企业营销玩法 / 161

124 猜你想搜功能 / 162

125 热点榜功能 / 163

126 明星榜功能 / 163

127 品牌热DOU榜功能 / 164

128 好物榜功能 / 165

129 视频置顶功能 / 166

130 长视频功能 / 167

131 商品分享功能 / 169

132 商品橱窗功能 / 171

133 抖音小店功能 / 172

134 抖音小程序功能 / 174

135 DOU+上热门功能 / 177

136 POI地址认领功能 / 179

第11章　抖音视频：用标题和内容获得持续关注 / 181

137 视频必须是原创的 / 182

138 视频必须是完整的 / 182

139 视频中不能有水印 / 183

140 视频要足够吸引人 / 184

141 视频标题要这样写 / 184

142 视频标题的误区 / 188

143 福利型视频标题 / 191

144 价值型视频标题 / 192

145 励志型视频标题 / 193

146 冲击型视频标题 / 194

147 揭露型视频标题 / 195

148 悬念型视频标题 / 196

149 借势型视频标题 / 197

150 警告型视频标题 / 199

151 观点型视频标题 / 200

152 独家型视频标题 / 202

153 数字型视频标题 / 203

154 急迫型视频标题 / 204

155 帅哥美女类视频 / 205

156 呆萌可爱类视频 / 206

157 才艺展示类视频 / 207

158 技能妙招类视频 / 208

159 美食美景类视频 / 209

160 信息普及类视频 / 210

161 幽默搞笑类视频 / 211

162 知识输出类视频 / 211

第 12 章　抖音直播：近距离实现产品营销推广 / 213

163 抖音直播的开通方式 / 214

164 抖音直播的主要入口 / 214

165 开抖音直播的具体步骤 / 217

166 直播中常见问题的解决 / 219

167 建立专业的抖音直播间 / 220

168 设置一个吸睛的直播封面 / 221

169 选择适合直播的主题内容 / 221

170 提高主播自身的基本素养 / 221

171 积极回答观众的问题 / 227

172 掌握抖音直播的说话技巧 / 229

173 打造个人的直播特色 / 231

174 熟悉直播卖货的原则 / 232

175 了解直播卖货的技巧 / 233

176 避免陷入直播的雷区 / 234

第 13 章　引流增粉：积累粉丝打造百万级大号 / 237

177 广告引流 / 238

178 SEO引流 / 240

179 视频引流 / 242

180 直播引流 / 244

181 评论引流 / 244

182 矩阵引流 / 246

183 私信引流 / 246

184 互推引流 / 247

185 转发引流 / 248

186 电子邮件引流 / 251

187 微信平台引流 / 252

188 从QQ平台引流 / 254

189 从微博平台引流 / 255

190 从百度平台引流 / 256

191 从今日头条平台引流 / 259

192 从视频平台引流 / 260

193 从音频平台引流 / 261

194 从线下平台引流 / 263

第14章　获利转化：深度挖掘抖音粉丝的购买力 / 265

195 自营店铺获利 / 266

196 赚取佣金获利 / 267

197 微商卖货获利 / 268

198 销售课程获利 / 269

199 有偿服务获利 / 270

200 账号出售获利 / 271

201 出版图书获利 / 272

202 广告代言获利 / 273

203 直播礼物获利 / 274

204 直播销售获利 / 276

205 平台导流获利 / 278

206 社群运营获利 / 279

207 IP增值获利 / 280

208 引流线下获利 / 281

第1章

新手入门：吃透快手运营的基础知识

移动网络的普及，带火了一批短视频应用，快手便是其中的佼佼者。那么如何快速吃透快手运营的基础知识呢？本章将解答这个问题。

要点展示：

➤ 清楚快手的前世今生　　　➤ 做好个人资料的展示

➤ 根据自身特长做定位　　　➤ 选用合适的封面图片

➤ 参照用户需求做定位　　　➤ "发现"里找热点内容

➤ 从内容稀缺性做定位　　　➤ "关注"你喜欢的账号

➤ 根据品牌特色做定位　　　➤ 从"同城"中获得关注

➤ 设置快手账号的头像　　　➤ 保持良好的快手记录

➤ 设置吸睛的快手昵称　　　➤ 选择合适的发布时间

➤ 将用户ID升级为快手号

001　清楚快手的前世今生

我们要真正深入了解一个人，一般要先清楚他的时代背景和其经历，正如《孟子》中所说："颂其诗，读其书，不知其人，可乎？是以论其世也。"我们要想真正了解快手，还得先了解快手的前世今生，或者说是来龙去脉。

1. 快手前世

2011年的时候，快手叫作"GIF快手"，只是一款制作和分享GIF动态图的工具。2013年7月，"GIF快手"从工具类应用转型为短视频类应用，改名"快手"，名称延用至今。

快手算是最早扎根于短视频分享的App，一时风头无两。那时候，与快手平分短视频半壁江山的抖音还没有创建，美拍与小咖秀这些短视频还在一二线城市市场抢夺，而快手创始人却走不同寻常的道路，挖掘下沉市场，将"快手"这个产品贴近并为三四线城市的草根量身定做。

2. 快手今生

2016年，一篇《残酷底层物语，一个视频软件的中国农村》的文章在网络走红，文章中不仅披露了快手存在低俗、猎奇内容，还指出了城乡二元尖锐对立的局面。2018年快手又受到央视的点名批评，随后其创始人发文《接受批评，重整前行》进行道歉，并对快手进行改革，加入很多正能量内容。至此，快手正式迈入2.0时代。

2018年，快手推出"快手营销平台"，以社交为中心，整合快接单、快享计划、快手小店等内容和功能。现今，电商为了摆脱扁平化桎梏和加速商业化进程，各大电商开始造节，阿里巴巴造"双十一"，京东造"618"，苏宁造"818"……在这种情形下，2018年11月6日，快手推出首届电商节，至此快手完成商业化布局，正式开启商业获利的旅程。

3. 快手的平台定位

虽然同为短视频应用，但是快手和抖音的定位完全不同。抖音的红火靠的就是马太效应——强者恒强，弱者愈弱。就是说在抖音上，本身流量就大的网红和明星可以通过官方支持获得更多的流量和曝光，而对于普通用户而言，获得推荐和上热门的机会就少得多。

快手的创始人之一宿华曾表示："我就想做一个普通人都能平等记录的好产品。"这恰好就是快手这个产品的核心逻辑。抖音靠的是流量为王，快手靠的是即使损失一部分流量，也要让用户获得平等推荐的机会。

当然，正因为这个核心逻辑，快手才会那么火，那么受现实生活中普通大众的欢迎。

002　根据自身特长做定位

做一件事情之前一定要明确方向，而快手号定位就是为快手号的运营确定一个方向，为内容发布指明方向。如何进行快手号的定位呢？其中比较直接有效的一种方法就是根据自身特长做定位。对于拥有自身专长的人群来说，快手账号运营者只需对自己或团队成员进行分析，然后，选择某个或某几个专长，进行账号定位即可。

例如，胡66原本就是一位拥有动人嗓音的歌手，所以其将自己的账号定位为音乐作品分享类账号，并命名为"胡66爱唱歌"。她通过该账号重点分享了自己的原创歌曲和当下的一些热门歌曲。

又如，擅长舞蹈的代古拉K，拥有曼妙的舞姿。因此她将自己的账号定位为舞蹈作品分享类账号。在这个账号中，代古拉K分享了大量舞蹈类视频，而这些作品也让她快速积累了大量粉丝。

自身专长包含的范围很广，除了唱歌、跳舞等才艺之外，还包括其他诸多方面，就连游戏玩得出色也可以看作是自身的一种专长。

例如，游戏《和平精英》一名叫"王小歪"的主播，便将快手号定位为自己玩该游戏视频分享的账号，并将账号命名为"王小歪 和平精英"。如1-1所示为其发布的快手短视频。

● 图1-1 "王小歪 和平精英"发布的快手视频

由此可见，只要快手运营者或其团队成员拥有专长，且该专长的相关内容又是比较专业的。那么将该专长作为账号的定位，便是一种不错的定位方法。

003 参照用户需求做定位

通常来说，用户有需求的内容会更容易受到欢迎。因此，参照用户的需求和自身专长进行定位也是一种不错的定位方法。

大多数女性都有化妆的习惯，但又觉得自己的化妆水平还不够高。因此，这些女性通常都会对美妆类内容比较关注。在这种情况下，快手运营者如果对美妆内容比较擅长，那么将账号定位为美妆号就比较合适了。

例如，有一位名为"认真少女_颜九"的博主，本身就是入驻微博等平台的美妆博主，再加上许多快手用户对美妆类内容比较感兴趣。因此，她入驻快手之后，便将账号定位为美妆类账号，并持续为快手用户分享美妆类内容。

除了美妆之外，快手用户普遍需求的内容还有很多。美食制作便属于其中之一。许多快手用户，特别是比较喜欢做菜的快手用户，通常都会从快手中寻找一些新菜色的制作方法。因此，如果快手运营者自身就是厨师，或者会做的菜比较多，又特别喜欢制作美食。那么，将账号定位为美食制作分享账号就是一种很好的定位方法。

快手号"料理小颖"就是一个定位为美食制作分享的账号。在该账号中，会通过视频将每一道菜的制作过程进行全面呈现，如图1-2所示。因为该视频分享的账号将制作过程进行了比较详细的展示，再加上许多菜都是快手用户想要亲自制作的，所以其发布的视频内容很容易就获得了大量播放和点赞。

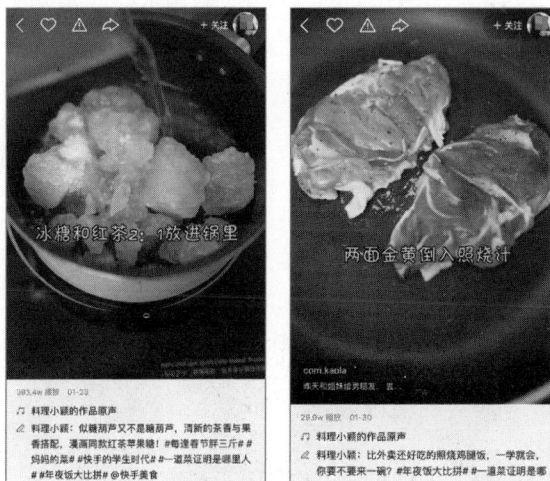

● 图1-2 "料理小颖"发布的快手视频

004 从内容稀缺性做定位

快手运营者可以从快手中相对稀缺的内容出发，进行账号定位。例如，快手号"疯狂的小杨哥"就是定位为整蛊网瘾弟弟的一个账号。

像这种专门做整蛊网瘾少年内容的快手号本身就比较少，因此，其内容本身就具有一定的稀缺性。再加上随着网络，特别是移动网络的发展，越来越多的青少年开始有了网瘾。所以，许多人看到这一类视频之后，就会觉得特别贴合现实。

除了平台上本来就稀缺之外，快手运营者还可以通过自身的内容展示形式，让自己的账号内容，甚至是账号具有一定的稀缺性。其中比较具有代表性的快手号是"巴顿Patton"和"雪茸堂"。

快手号"巴顿Patton"定位是一个分享小猫日常生活的账号，在这个账号中经常会发布以一只小猫为主角的视频。如果只是分享小猫的日常生活，那么，只要养了小猫的快手运营者便都可以做。而"巴顿Patton"的独特之处就在于它结合小猫的表现进行了一些特别的处理。

具体来说，该快手号的视频中会通过一些字幕来表达小猫的"所说"和"所想"，如图1-3所示。这样一来，结合字幕和小猫在视频中的表现，就会让人觉得小猫有些调皮可爱。

● 图1-3 "巴顿Patton"发布的快手视频

快手上宠物类视频不少，但是像这种显得有些调皮、可爱的小猫却是比较少的。因此，这个定位为通过字幕分享小猫日常生活的账号，很容易地获取了许多人的持续关注。

"雪茸堂"是一个定位为分享美食制作方法的快手号。但与其他美食制作类快手号不同的是，这个快手号制作的美食都特别大气。比如，这个账号会分享全羊、全牛的制作方法。

因为这个账号分享的美食制作的食材都是全羊、全牛等比较大件的食材，这些食材的成本相对来说会比较高。所以，快手中很少会有类似的美食制作视频。这样一来，"雪茸堂"的视频自然就有了稀缺性，再加上许多人都有猎奇的心理，因此该账号想要不受关注都难了。

005 根据品牌特色做定位

相信大家一看这一小节的标题就明白，这是一个快手企业号的定位方法。许多企业和品牌在长期的发展过程中可能已经形成了自身的特色。此时，如果根据这些特色进行定位，通常会比较容易获得快手用户的认同。

根据品牌特色做定位又可以细分为两种方法：一是以能够代表企业的卡通做账号定位；二是以企业或品牌的业务范围做账号定位。

"三只松鼠"就是通过能够代表企业形象的卡通形象来做账号定位的快手号。在这个快手号中经常会分享一些视频，而视频中则会将三只松鼠的卡通形象作为主角打造内容，如图1-4所示。

● 图1-4 "三只松鼠"发布的快手视频

熟悉"三只松鼠"品牌的人都知道这个品牌的卡通形象和LOGO是视频中的这三只松鼠。因此，"三只松鼠"的视频便具有了自身的品牌特色，而且通过卡通形象进行表达还会更容易被人记住。

"猫眼电影"则是一个以企业或品牌的业务范围做账号定位的代表。一看"猫眼电影"这个名字就知道，其主要是从事与电影相关的业务。因此，该账号是定位于电影信息分享，并适时发布相关的短视频，如图1-5所示。

● 图1-5 "猫眼电影"发布的快手视频

006 设置快手账号的头像

头像是快手号的门面，许多快手用户看一个快手号时，首先注意的通常是账号的头像。因此，头像的设置就显得尤为关键了。

通常来说，快手运营者可以根据需要达到的目的设置快手号的头像。如果快手运营者的运营重点是打造自身形象，可以将个人形象照设置为快手头像；如果快手运营者是以销售产品为主，可以将产品图片设置为快手头像。

那么如何在快手短视频平台中进行头像的设置呢？下面就对具体的操作步骤进行说明。

步骤01 登录快手短视频平台，❶点击界面左上方的 ☰ 按钮；在弹出的菜单栏中，❷点击左侧的头像，如图1-6所示。

步骤02 进入快手主页界面，如图1-7所示。

步骤03 点击快手主页界面中的头像或"完善资料"按钮，进入"编辑个人资料"界面，点击界面中的"头像"一栏，如图1-8所示。

步骤04 进入"个人头像"界面，点击界面中的"更换头像"按钮，如图1-9所示。

步骤05 弹出一个列表框，快手运营者可以在列表框中选择图片获取方

式。以从相册选取为例，用户只需点击"从相册选取"按钮即可，如图1-10
所示。

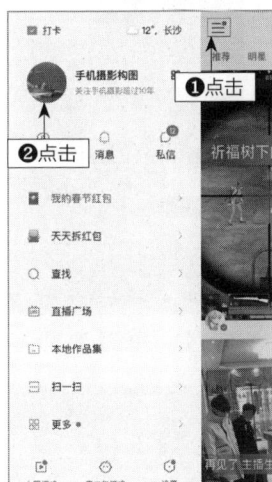

● 图1-6　点击菜单栏左侧的头像

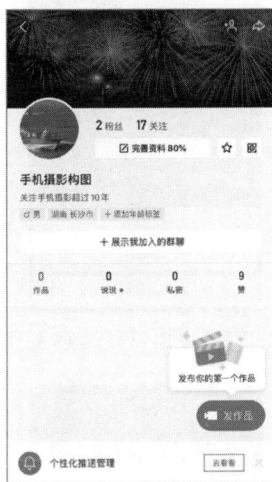

● 图1-7　快手主页界面

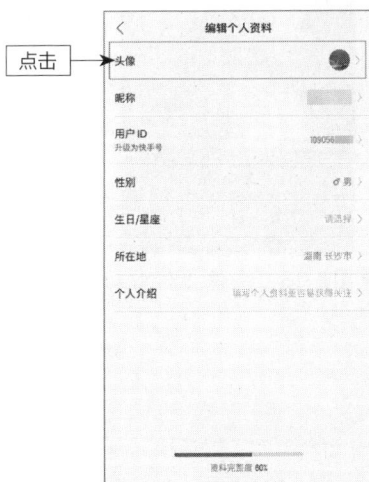

● 图1-8　"编辑个人资料"界面

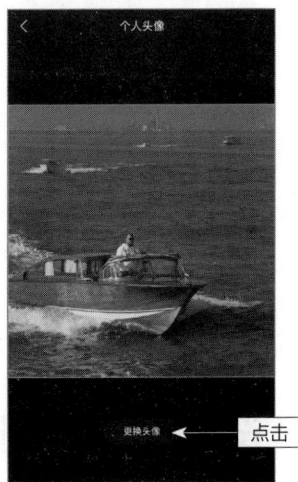

● 图1-9　"个人头像"界面

步骤06　进入"所有照片"界面，在界面中点击需要设置为头像的图片，如图1-11所示。

步骤07　进入"预览"界面，点击界面中的 ✔ 按钮，如图1-12所示。

步骤08　返回"个人头像"界面，如果界面中弹出"上传成功"的提示，就说明头像设置成功了，如图1-13所示。

● 图1-10　弹出照册选取对话框

● 图1-11　头像设置成功

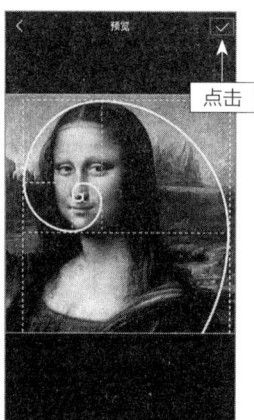

● 图1-12　"预览"界面

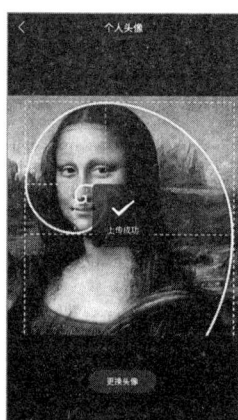

● 图1-13　头像上传成功

007　设置吸睛的快手昵称

和头像的设置相同，快手号昵称也可以在"编辑个人资料"界面中进行设置。快手运营者点击"编辑个人资料"界面中的昵称一栏，即可进入"设置昵称"界面，如图1-14所示。

如果快手运营者在该界面中❶输入需要设置的昵称；❷点击上方的"完成"按钮。返回快手号主页时，账号昵称变为刚刚输入的内容，说明昵称设置成功，如图1-15所示。

● 图1-14 "设置昵称"界面

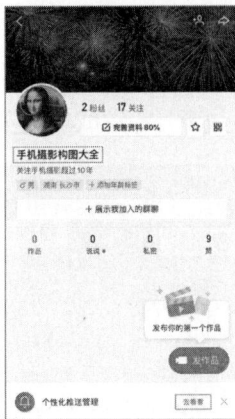

● 图1-15 昵称设置成功

在设置快手号昵称时，需要特别注意以下两点。

（1）账号设置对字数有限制，最多不能超过12个字；

（2）运营者可以将账号的业务范围等重要信息设置为账号昵称，这样快手用户一看就知道你是做什么的。如果对你的业务有需求，快手用户自然会直接关注你的账号。

008 将用户ID升级为快手号

快手运营者可以在"编辑个人资料"界面中将用户ID设置为快手号，具体操作如下。

步骤01 点击"编辑个人资料"界面中的"用户ID"一栏，如图1-16所示。

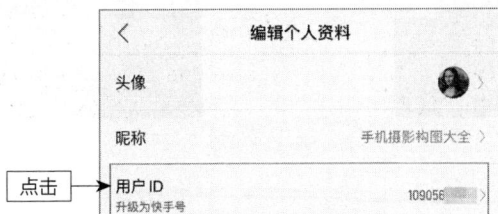

● 图1-16 点击"用户ID"一栏

步骤02 进入"设置快手号"界面，在界面中❶输入需要设置的快手号（注意：快手号应为8~20字母、数字和符号，且需以字母开头）；❷点击右上方的"完成"按钮，如图1-17所示。

步骤❸ 弹出修改确认列表框，点击列表框中的"确定"按钮，返回"编辑个人资料"界面。如果原来用户ID所在的位置变成"快手号"一栏，且界面中弹出"快手号设置成功"列表框，说明快手号设置成功了，如图1-18所示。

● 图1-17 "设置快手号"界面

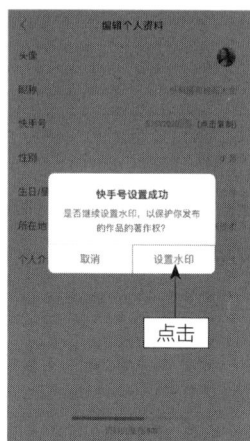

● 图1-18 快手号设置成功

快手号设置完成后，运营者还可以对快手号的水印进行设置。具体来说，快手号运营者可以点击"快手号设置成功"列表框中的"设置水印"按钮，即可进入"水印"界面，如图1-19所示。

如果快手号运营者向右滑动"显示水印"一栏后面的 按钮，该按钮会变成 。与此同时，界面中还将呈现水印的显示效果，如图1-20所示。

● 图1-19 "水印"界面

● 图1-20 呈现水印显示效果

009　做好个人资料的展示

除了头像、昵称和快手号的设置之外，快手号运营者还可在"编辑个人资料"界面中填写性别、生日/星座、所在地和个人介绍等资料。这些资料填写完成之后，将在快手昵称下方显示。

性别、生日/星座和所在地这些资料，快手运营者只需根据自身实际情况进行填写即可。而个人介绍则可以填写自身业务、产品购买、订单查询和联系方式等重点内容。具体可参考以下两个个人介绍案例，如图1-21所示。

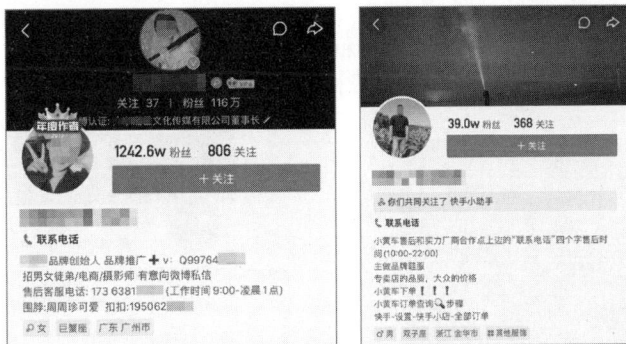

● 图1-21　快手个人介绍案例

010　选用合适的封面图片

与头像、昵称和快手号等内容不同，快手封面图片只需点击快手主页上方的封面图片，即可进行设置，具体操作如下。

步骤01　点击快手主页上方的封面图片，弹出封面图片选择列表框，点击列表中的"从相册选取"按钮，如图1-22所示。

步骤02　进入"所有照片"界面，在界面中选择需要设置的封面图，如图1-23所示。

步骤03　进入"照片预览"界面，点击界面中的☑按钮，如图1-24所示。

步骤04　返回快手号主页界面，如果封面图片变成刚刚选取的图片，就说明封面图片设置成功，如图1-25所示。

● 图1-22　弹出封面图片选择对话框

● 图1-23　"所有照片"界面

● 图1-24　"照片预览"界面

● 图1-25　封面图片设置成功

011　"发现"里找热点内容

　　进入快手短视频App即可看到它的3个界面：关注、发现和同城。下面，我们先来介绍"关注"界面。

　　快手的"关注"界面会自动显示快手用户关注的快手号发布的视频内容和正在进行的直播，如图1-26所示。快手用户只需点击对应的视频或直播，即可查看视频内容或进入直播间。例如，点击图1-26左上方的直播画面，即可进入直播间，如图1-27所示。

● 图1-26 "关注"界面

● 图1-27 直接进入直播间

012 "关注"你喜欢的账号

登录快手短视频App之后，用户会自动进入"发现"界面的"推荐"版块，如图1-28所示。除了"推荐"之外，"发现"界面还提供了"明星""萌娃""美食""音乐"和"vlog"等版块的内容。例如，点击"美食"按钮，即可进入"美食"版块，如图1-29所示。

● 图1-28 "推荐"版块

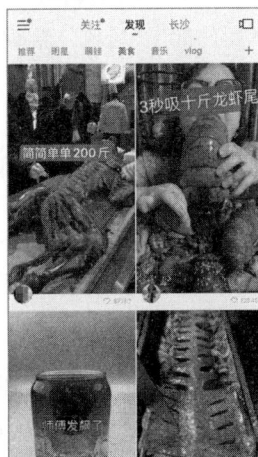

● 图1-29 进入"美食"版块

013 从"同城"中获得关注

　　快手短视频App会根据用户的位置，显示同城界面的名称。例如，笔者身处长沙，同城界面的名称就显示为"长沙"。"同城"界面会将该城市中快手号发布的视频和直播进行推荐，如图1-30所示。

　　另外，"同城"界面中还提供了"附近直播""附近的人""附近的群"和"聊天直播"版块的入口。例如，点击"附近的人"按钮，即可进入"附近的人"界面，如图1-31所示。

● 图1-30 "同城"界面

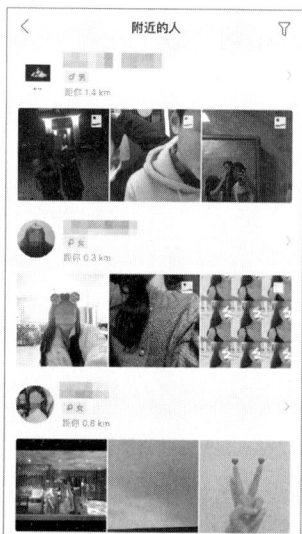

● 图1-31 "附近的人"界面

014 保持良好的快手记录

　　快手曾进行整改，目前快手官方积极鼓励作者发布正能量内容，坚决打击违法、违纪的内容。

　　因此，为了快手号顺利运营，一定要保持账号的良好记录，不要违反快手官方条例。那么如何才能做到保持良好记录呢？其中一种方法就是参考《快手社区管理规定（试行）》（运营者可以在快手"设置"界面中选择"关于快手"版块中的"法律条款"选项，查看该规定的具体内容）规定，如图1-32所示。在运营过程中不做违法、违规和恶意运营行为。

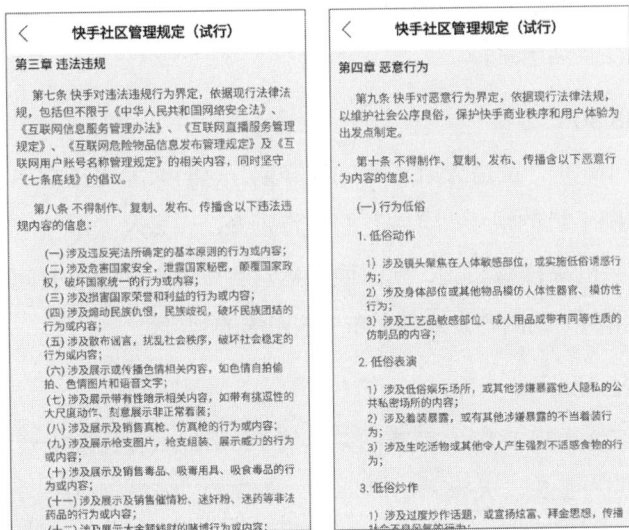

● 图1-32 《快手社区管理规定（试行）》部分内容

015 选择合适的发布时间

快手运营者要想做好快手营销，就要合理地抓住用户刷快手的时间。只有这样才能让视频第一时间被更多的快手用户看到。下面介绍发布快手视频的最佳时间。

1. 7:00～9:00

7:00～9:00，正好是快手用户起床、吃早餐，或者是正在上班的路上。这时大家都喜欢拿起手机刷快手之类的短视频软件。而这时，又是一天最开始的时间，作为快手运营者，应敏锐地抓住黄金时间，发布一些正能量的视频或说说，给快手"老铁"传递正能量，让大家一天的好精神从阳光心态开始，这最容易让大家记住你。

2. 12:30~13:30

12:30~13:30，正是大家吃午饭、休闲的时间，上午上了半天班，有些辛苦，这时大家都想看一些放松、搞笑且具有趣味性的内容，为枯燥的工作时间添加几许生活色彩。

3. 17:30~18:30

17:30~18:30，正是大家下班的高峰期，这时大家也正在车上、回家的路上。此时刷手机的快手"老铁"们也特别多，许多人工作了一天的疲惫心情需要通过手机来排减压力，此时快手运营者可以抓住这个时间段，发布一些与自己产品相关的内容，或者发布一些引流的视频。

4. 20:30~22:30

20:30~22:30，这时大家都吃完晚饭了，有的躺在沙发上看电视，有的躺在床上休息。此时，大家的心灵是比较恬静的，睡前刷快手短视频可能已经成为某些年轻人的生活习惯。所以，这时选择发布关于情感的内容，最容易打动快手用户。

第2章

内容选取：让你的
快手运营赢在起点

在快手运营中，内容的选取非常关键。如果你选取的内容能够获得目标用户的广泛关注，那么你的视频会容易地成为热门视频。

因此，毫不夸张地说，只要选好了内容，你的快手运营便赢在了起点。那么如何进行快手内容的选取呢？本章笔者将给大家支一些招。

要点展示：

➤ 重点做好原创视频内容

➤ 根据目标用户准备内容

➤ 通过生活场景连接用户

➤ 通过视频搬运打造内容

➤ 借助扩展法产出新热点

➤ 善用模仿法紧跟热点内容

➤ 通过吐槽来表达你的态度

➤ 借助个人的独特创意取胜

➤ 幽默搞笑让用户会心一笑

➤ 凭借视频内容传达正能量

➤ 反转剧情增强视频可看性

➤ 发现并记录生活中的美好

➤ 制作系列内容获取持续关注

016　重点做好原创视频内容

原创视频内容是一个快手账号的发展根基，绝大部分快手用户都是因为看到原创内容后，选择关注某个快手账号的。因此，快手运营者一定要重点做好原创视频内容，并借助自身的原创性来吸引快手用户的关注。

对此，快手运营者可以在账号简介中多用"原创"这个字眼，显示自身内容的原创性，如图2-1所示。

● 图2-1　用"原创"这个字眼显示账号的原创性

除此之外，还可以在视频封面中，直接写上"原创"两个字，让快手用户看到封面就明白这是你的原创，如图2-2所示。

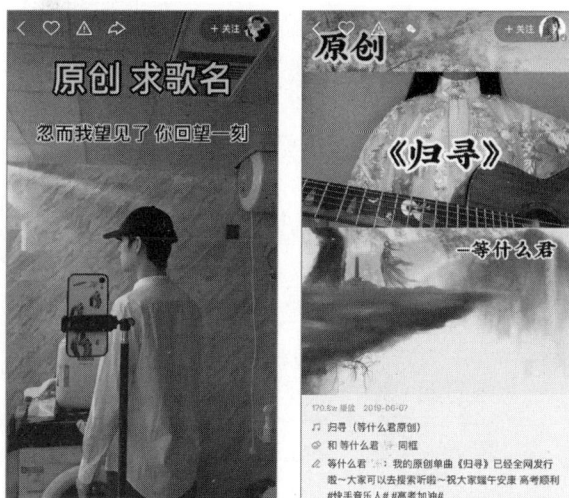

● 图2-2　在视频封面写上"原创"

017　根据目标用户准备内容

一条视频只有受到目标用户的欢迎，才有可能成为热门视频。基于这一点，快手用户可以根据目标用户，有针对性地准备内容。通常来说，快手运营者可以根据账号的定位准备内容，做翻唱的快手号可以发布翻唱类视频，做影视推荐的快手号可以发布影视作品，如图2-3所示。

● 图2-3　根据账号定位准备内容

除此之外，快手运营者还可以直接通过视频，了解粉丝的需求，让发布的视频内容更好地满足目标用户的需求，如图2-4所示。

● 图2-4　通过询问了解粉丝的需求

018　通过生活场景连接用户

生活场景的展示是连接快手用户的一种有效途径，因为每个人都有自己的生活，所以快手用户在看到视频中的生活场景之后，会从中查找与自身生活的异同。而且如果某个快手运营者平时很少展示自己的生活场景，那么快手用户在看到该快手运营者偶然展示的生活场景时，会觉得非常有新鲜感。

张大仙是一个知名的游戏主播，他在快手号"荣耀张大仙"中发布的主要也是游戏视频。快手用户对此也习以为常了。而当张大仙偶尔分享自己的生活场景时，就吸引了大量快手用户的关注，相关视频发布之后，很快就获得了很高的播放量，如图2-5所示。

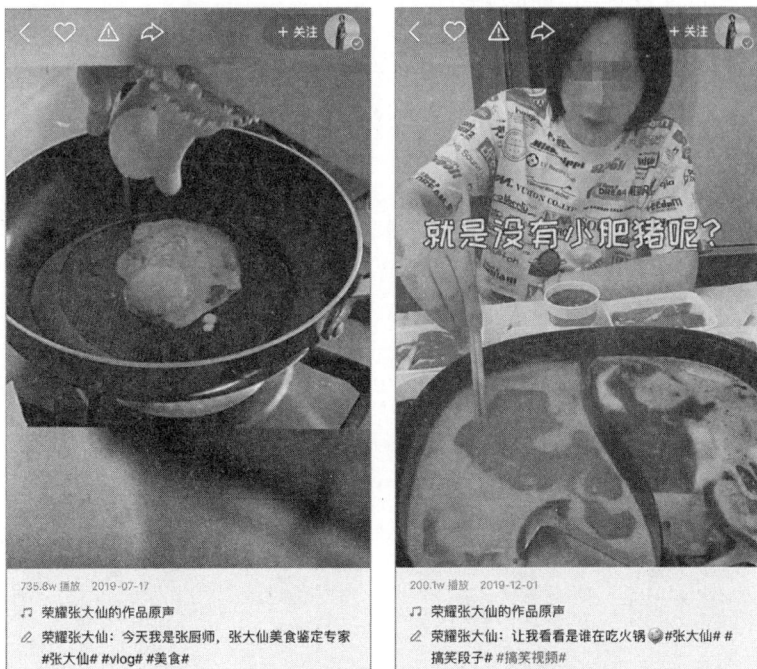

● 图2-5 "荣耀张大仙"发布的快手视频

019　通过视频搬运打造内容

搬运法并非是直接将视频搬运过来，发布到快手平台上。而是将视频搬运过来之后，适当地进行改编，从而在原视频的基础上，增加自身的原创内容。

如图2-6所示的快手视频，就是在搬运电视剧《神雕侠侣》视频的基础上，给出了剧中人物中武力值的排名，并配备了对应的字幕。因为该剧本身就具有较高的知名度，再加上视频的制作也比较用心。所以，该视频很快就获得了许多快手用户的关注，并获得了大量点赞、评论。于是，这一条运用搬运法打造的视频很快就火了。

快手运营者在运用搬运法打造视频内容时，需要特别注意的是，最好不要将他人在快手发布的视频直接搬过来发布。因为这样发布的视频，会在画面的左上方或右下方出现他人的账号信息。

● 图2-6 运用搬运法打造视频

这样一来，快手用户一看就知道你是直接搬运别人的视频。而且对于这种直接搬运他人视频的行为，快手平台也会进行限流。因此，这种直接搬运他人的视频基本上是不可能成为爆款视频的。

020 借助扩展法产出新热点

扩展法就是在他人发布内容的基础上，进行适当地延伸，从而产出新的原创内容。与模仿法相同，扩展法参照的对象主要也是当前的热点。当然，如果快手运营者借助扩展法产出的视频能够吸引快手用户的广泛关注，那么你的视频便有可能产出新的热点。

比如，2019年年末《牧马人》这部电影突然在快手和抖音上火了。许多人对电影中的经典台词："老许，你要老婆不要，只要你开金口，我等会儿给你送过来。"记忆深刻。

于是，许多快手运营者在这句台词的基础上，根据自身情况，扩展出"老公，你要二胎不要，只要你开金口，我立马再给你生一个。"的视频，如图2-7所示。这种视频透露着幽默搞笑的成分，同时又与大多数家庭的现实相关，于是快速吸引了一些快手用户的围观。而关于要不要生二胎也成为许多快手用户的热议话题。

● 图2-7　运用扩展法拍摄的视频

021　善用模仿法紧跟热点内容

模仿法就是根据快手、抖音平台上已发布的短视频依葫芦画瓢的方法打造自己的视频。这种方法常用于已经形成热点的内容。因为一旦热点形成，模仿与热点相关的内容，会更容易获得快手抖音用户的关注。

比如，2019年12月，随着歌曲《火红的萨日朗》的走红，快手、抖音上出现了"#草原最美的花"话题，许多人在该话题下以这首歌为背景跳起了舞，而且舞姿基本都是统一的，如图2-8所示便是运用模仿法拍摄的短视频。

● 图2-8　运用模仿法拍摄的视频

022　通过吐槽来表达你的态度

每个人都有自己的态度，有的人可以将自己的态度畅快地表达出来，但是有的人却因为种种原因只能将自己的态度埋藏在心里。此时，如果快手运营者能够对一些普遍存在的问题进行吐槽，便能在表达自身态度的同时，获得许多拥有相同态度的快手用户的认同。

如图2-9所示的两条视频就是通过吐槽来表达自己态度的方式，来吸引快手用户关注的。因为现在网络上的无良博主比较多，许多快手用户的亲戚家也有熊孩子，所以看到这两条视频内容时，许多快手用户都深有体会。

● 图2-9　通过吐槽表达自己的态度

023　借助个人的独特创意取胜

快手上有创意的视频内容从不缺少粉丝的点赞和喜爱。对此，快手运营者可以结合自身优势，通过借助个人的独特创意打造视频取胜。

例如，一名擅长用竹子制作工艺品的快手运营者，拍摄了一条展示用竹子制作台灯的视频。快手用户在看到该短视频之后，因其独特的创意和高超的技艺而纷纷点赞，如图2-10所示。

除了展示各种技艺之外，快手运营者还可以通过一些奇思妙想，打造生活小妙招。例如，一位快手运营者通过对多个生活妙招的展示，吸引了许多快手用户的关注，并获得了超过1 300万次的播放，如图2-11所示。

● 图2-10 展示用竹子制作台灯

● 图2-11 展示生活小妙招

024 幽默搞笑让用户会心一笑

许多快手用户之所以经常刷快手，就是因为快手中有很多幽默搞笑的内容，看到这些内容之后，不由得会心一笑。因此，幽默搞笑类内容一直以来都比较受到快手用户的欢迎。基于这一点，快手运营者在视频内容的打造过程中，也可以适当地增强视频内容的幽默感，将快手用户的笑容转化为视频的傲人数据。

如图2-12所示为一条幽默搞笑的快手视频。该视频中，老师因为学生学习不认真、考试成绩不好，于是对学生说：你现在不好好学习，长大了想干什么！学生回答说：放牛。老师接着问：放牛？牛跑了，少了一只了你都不知道。学生回答说：放一只。老师听到学生的幽默回答之后，都被气笑了。这条幽默搞笑的视频，播放量达到了近410万次。这无疑是比较惊人的数据了。

● 图2-12 幽默搞笑的视频

025　凭借视频内容传递正能量

什么是正能量？百度百科给出的解释是："正能量是指一种健康乐观、积极向上的动力和情感，是社会生活中积极向上的行为。"接下来，笔者将从以下3个方面结合具体案例进行解读，让大家了解什么样的内容才是正能量。

1. 好人好事

好人好事包含的范围很广，既可以是见义勇为，为他人伸张正义；也可以是拾金不昧，主动将财物交还给失主；还可以是看望孤寡老人，关爱弱势群体。

快手用户在看到这类视频时，会从那些做好人好事的人身上看到善意，感觉到这个社会的温暖。同时，这类视频很容易触及快手用户柔软的内心，让快手用户看后忍不住点赞。

2. 文化内容

文化内容包含书法、乐趣和武术等。这类内容在快手上具有较强的号召力。如果快手运营者有文化方面的特长，可以用快手视频的方式展示给快手用户，让快手用户感受到文化的魅力。如图2-13所示的快手视频中，通过展示书法写作让快手用户感受到文化的魅力。

3. 努力拼搏

当快手用户看到视频中那些努力拼搏的身影时，会感受到满满的正能量，这会让快手用户在深受感染之余，从内心产生一种认同感。而在快手中表达认同最直接的一种方式就是点赞。因此，那些传达努力拼搏精神的视频，通常容易获得较高的点赞量。

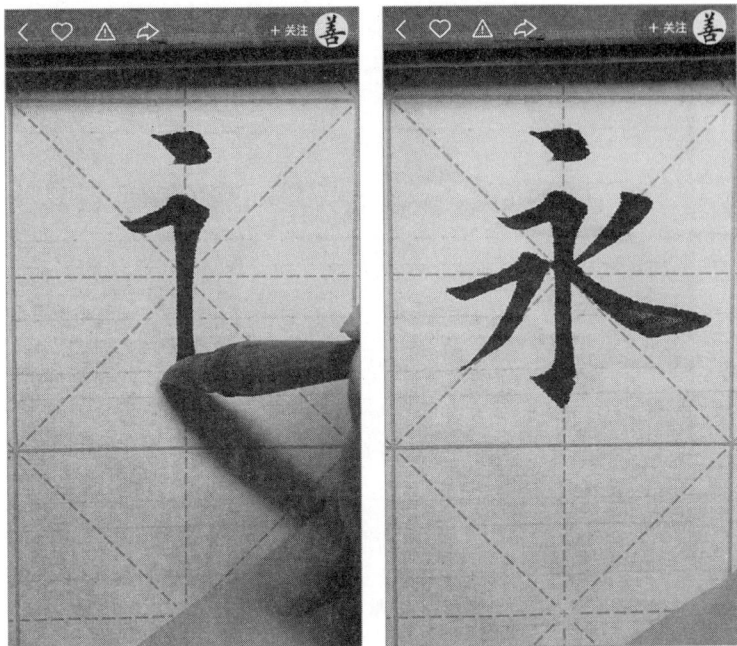

● 图2-13　展示文化内容的视频

026　反转剧情增强视频可看性

如果快手用户刚看到你的视频开头，就能猜到结尾。那么快手用户就会觉得这样的视频没有可看性，甚至于有的快手用户看到这一类视频时，只看了开头就会选择退出去。

相比这种看了开头就能猜到结尾的视频，那些设计了反转剧情的视频内容，打破了人们的惯性思维，往往会让人眼前一亮。

如图2-14所示的快手视频中，一位怀孕的女士因为比较着急，就和排在队伍前面的一位男士商量，问该男士是否可以让自己插队。这位男士觉得大家都在排队，这样直接插队很不好，所以就拒绝了。

● 图2-14　设计反转剧情的短视频

就在该女士被拒绝之后，有些无奈地准备去后面排队时，旁边的一位男士，却将自己的位置留给了这位女士，并主动走到队伍的最后去排队。看到这位男士的举动之后，那些原本在第二位男士后面排队的人，纷纷走到这位男士的后面排队，用行动为这位男士点赞。而第一位男士在看到大家的反应之后，也深受感染，并走到了队伍的最后面，让这位怀孕的女士排在了队伍的最前面。

这条视频中，怀孕女士从一开始的插队要求被拒绝，到最后获得了所有排队人员的赞同，这其中的剧情无疑是出现了明显的反转。而且这条视频中，还体现了对怀孕女士的体谅，能够让快手用户看到视频中传达出的浓浓的人情味。因此，这条视频很快就获得了大量快手用户的关注，成为快手的热门视频。

027　发现并记录生活中的美好

我们的生活中处处都有美好的一面，只是许多人缺少了一双发现美好生活的慧眼。比如，有时候我们在不经意之间发现一些平时看不到的东西，或者创造出一些新事物，都会让人感受到生活中的美好。

例如，有的快手运营者用红蜡和树枝人工制作了一些"腊梅"，并用制作完成的"腊梅"装饰了房间，这就是属于自己创造了生活中的美好，如图2-15所示。

● 图2-15 创造生活中的美好

028 制作系列内容获取持续关注

快手运营者可以将快手用户关注的内容制作成系列作品。这样做主要有两个好处：一是可以更全面地将相关内容展示给快手用户；二是只要系列作品中的第一个作品足够具有吸引力，那么整个系列作品就能获得许多快手用户的持续关注。

如图2-16所示为李子柒发布的快手视频，从中可看出，这就是通过发布系列作品来获得快手用户的持续关注。

● 图2-16　李子柒发布的快手视频

第3章

视频生产：制作高质量的
快手短视频

快手平台上的短视频内容大多都是以幽默搞笑、生活窍门为主，其中也不乏一些商业广告。在拍摄制作这些短视频时，创作者花费了不少的心思，但效果却不尽如人意。

本章将介绍快手短视频的各种拍摄技巧，帮助用户创作出高质量的短视频作品。

要点展示：

➤ 利用快手拍照积累视频素材

➤ 通过快手拍11秒和57秒视频

➤ 用快手K歌拍摄模式一展歌喉

➤ 在快手中将照片制作成小视频

➤ 通过相关App拍摄和发布长视频

➤ 借助快手"美颜"功能提高颜值

➤ 借助快手"魔法"功能设置贴纸

➤ 借助快手"变速"功能拍慢动作

➤ 借助快手"定时停"控制拍摄长度

➤ 借助快手"倒计时"功能做好缓冲

➤ 用"快闪视频"模板制作特色视频

➤ 为快手短视频配备合适的背景音乐

➤ 为快手短视频添加个性化字幕效果

➤ 借助快手"剪切"功能剪辑短视频

029 利用快手拍照积累视频素材

直接利用快手拍照功能拍摄照片是积累视频素材的一种有效方式。快手运营者只需通过快手拍照功能将照片拍摄完成后，就可以作为素材放入视频中，甚至可以直接通过这些拍摄的照片合成视频。

具体来说，快手运营者可通过以下步骤在快手中拍摄照片。打开快手App，点击主页右上角的口口按钮，如图3-1所示。进入视频拍摄界面，点击界面中的"拍照"按钮，如图3-2所示。快手运营者只需点击〇按钮，即可拍摄照片。

●图3-1　点击小相机图标　　　●图3-2　选择"拍照"模式

使用"拍照"模式可以快速拍摄照片，然后通过快手平台发布，同时也会自动保存到手机相册中，便于用户编辑和浏览。

030 通过快手拍11秒和57秒视频

快手运营者可以在快手短视频App中直接拍摄11秒和57秒视频。在快手短视频App中，点击快手"发现"界面中的 ▢ 按钮，进入快手拍摄设置界面之后，可以看到系统默认的拍摄时间是11秒，如图3-3所示。

如果快手运营者需要拍摄更长时间的视频，可以点击下方的"拍57秒"按钮，进入"拍57秒"界面，如图3-4所示。此时，快手运营者即可在该界面中拍摄57秒之内的快手视频。

● 图3-3　系统默认时间为拍11秒　　● 图3-4　"拍57秒"界面

031 用快手K歌拍摄模式一展歌喉

快手K歌功能，可以让快手用户在一展歌喉的同时，拍摄包含K歌内容的视频。下面介绍快手"K歌"功能的操作方法。

步骤01　在视频拍摄界面中点击"K歌"按钮，如图3-5所示。

步骤02　进入"选择伴奏"界面，点击歌曲后面的"K歌"按钮，如图3-6所示。

● 图3-5　点击"K歌"按钮

● 图3-6　"选择伴奏"界面

步骤03　进入K歌设置界面，快手运营者可以在该界面中对演唱方式（独唱或合唱）、是否需要添加原唱、拍摄内容的形式（是音乐还是MV）等内容进行设置，点击K歌设置界面中的 按钮，如图3-7所示。

步骤04　进入准备录制界面，点击界面中的 按钮，如图3-8所示。

● 图3-7　选择 按钮

● 图3-8　录歌界面

步骤05　进入歌曲录制界面，录制完成后点击下方的"下一步"按钮，在弹出的列表框中点击"完成"按钮，如图3-9所示。

步骤⑩ 进入后期处理界面，在该界面中设置封面等信息，点击下方的"下一步"按钮，如图3-10所示。

● 图3-9　歌曲录制界面

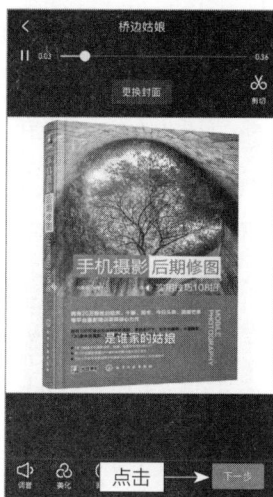

● 图3-10　后期处理界面

步骤⑰ 进入视频发布界面，在该界面中设置相关信息，点击界面中的"发布"按钮，如图3-11所示。

步骤⑱ 进入快手的"关注"界面。如果界面中显示"发布成功"，就说明利用K歌拍摄的视频发布成功了，如图3-12所示。

● 图3-11　视频发布界面

● 图3-12　K歌视频发布成功

032 在快手中将照片制作成小视频

在快手短视频App中可以直接将照片制作成小视频，具体操作如下。

步骤01 在拍摄界面点击"相册"按钮，如图3-13所示。

步骤02 进入"最近项目"界面，在该界面中选择需要的照片，点击下方的"下一步"按钮，如图3-14所示。

● 图3-13 点击"相册"按钮

● 图3-14 点击"下一步"按钮

步骤03 进入视频后期处理界面。与此同时，选择的照片将依次展示，形成一条视频，如图3-15所示。

步骤04 点击视频后期处理界面中的"下一步"按钮，进入视频发布界面，在该界面中设置相关信息，点击下方的"发布"按钮，如图3-16所示。

● 图3-15 后期处理界面

● 图3-16 视频发布界面

进入快手的"关注"界面，如果界面中显示"发布成功"，就说明该照片制作的视频发布成功了。

033 通过相关App拍摄和发布长视频

使用快手App最多拍摄57秒的短视频，即使用户通过上传功能选择时间长于57秒的短视频，也需要进行剪辑才能发布。那么如果快手运营者需要发布长于57秒的视频，应该如何操作呢？快手运营者可通过以下两种方法来操作。

1. 通过快手App发布

如果用户已经获得了快手的长视频发布权限，就可以在快手视频拍摄界面中点击"相册"按钮，从中选择需要发布的长视频，点击"下一步"按钮，即可发布10分钟以内的视频。

需要注意的是，"上传长视频"功能目前为测试功能，仅为部分用户提供体验，其他用户可以耐心等待后续版本开放该功能。

2. 通过快影App发布

快手运营者可以在各大应用商店下载"快影"App，该App可以拍摄5分钟以内的视频，并将视频发布至快手短视频App中。下面介绍具体的操作方法。

步骤01 打开"快影"App后，点击"拍摄"按钮，如图3-17所示。

步骤02 进入视频拍摄界面，视频拍摄完成后，点击界面中的"完成"按钮，如图3-18所示。

步骤03 进入后期处理界面，点击界面中的 按钮，如图3-19所示。

步骤04 在弹出的对话框中，点击"快手"按钮，如图3-20所示。

步骤05 弹出打开快手列表框，点击列表框中的"打开"按钮，如图3-21所示。

步骤06 进入快手视频"发布"界面，快手运营者只需点击下方的"发布"按钮，即可将该视频发布至快手平台，如图3-22所示。

● 图3-17　点击"拍摄"按钮

● 图3-18　视频拍摄界面

● 图3-19　点击 按钮

● 图3-20　点击"快手"按钮

● 图3-21　弹出打开快手列表框

● 图3-22　视频发布界面

034　借助快手"美颜"功能提高颜值

如今，美颜已经成为拍照和拍视频的必备功能，快手App上也有强大的美颜功能。进入视频拍摄界面后，点击"美化"按钮，如图3-23所示。打开"美颜"菜单，根据需要选择合适的美颜等级，即可自动进行美化处理，如图3-24所示。

● 图3-23　点击"美化"按钮

● 图3-24　进行美颜处理

切换至"美妆"选项卡，点击下面的美妆主题即可应用相应的美妆效果，如图3-25所示。切换至"滤镜"选项卡，选择相应的滤镜类型，即可应用该滤镜效果，拖动拉杆还可以调整滤镜的程度，如图3-26所示。

● 图3-25 应用美妆效果

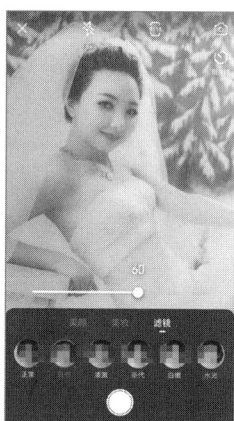

● 图3-26 应用滤镜效果

035 借助快手"魔法"功能设置贴纸

进入快手视频拍摄界面，点击"魔法"按钮，选择相应的魔法表情，即可在拍摄短视频时添加该魔法表情，如图3-27所示。需要注意的是，由于安卓机型较多，存在部分机型不支持个别表情的情况。

● 图3-27 添加魔法表情效果

许多快手运营者在拍摄视频的过程中，喜欢用魔法表情来增强视频的趣味性；也正因如此，快手对于魔法表情的开发也非常重视，快手会不定期地推出一些新的魔法表情。快手运营者在拍摄视频时需要跟上平台的节奏，适当地运用这些魔法表情。

036 借助快手"变速"功能拍慢动作

下面介绍借助快手"变速"功能拍慢动作的方法。

步骤01 进入视频拍摄界面，点击右侧的"变速"按钮，如图3-28所示。

步骤02 调出变速菜单，点击"慢"按钮，如图3-29所示。

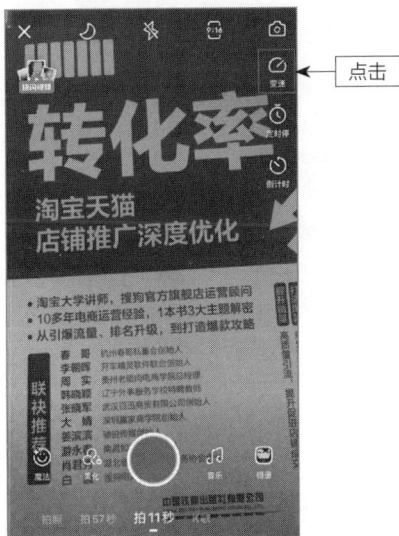

● 图3-28 点击"变速"按钮　　● 图3-29 点击"慢"按钮

步骤03 选择合适的背景音乐开始拍摄视频，在拍摄过程中音乐的播放速度会变得非常快，所以录制的画面很短。发布视频后，音乐速度变为正常速度，而视频画面则变得很慢。

037 借助快手"定时停"控制拍摄长度

有时候快手运营者只想拍摄一定长度的视频，但是又不方便手动来按暂停。此时就可以通过"定时停"功能来达到目的。

点击视频拍摄界面中的"定时停"按钮，弹出"拖动选择暂停点"对话框，如图3-30所示。快手运营者可以通过拖动对话框中的视频图添加视频的暂停点。

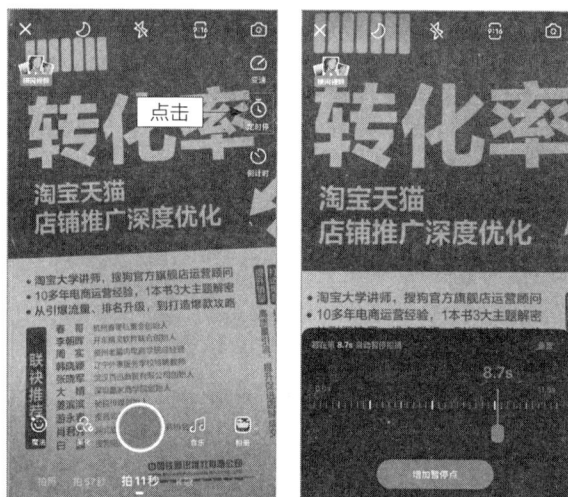

● 图3-30 弹出"拖动选择暂停点"对话框

038 借助快手"倒计时"功能做好缓冲

有时候，快手运营者可能是一个人拍摄视频，在拍摄前还需要一小段时间做准备，如做个"鬼脸"，或者摆个姿势等，此时可以用"倒计时"来帮忙。进入快手拍摄界面，点击"倒计时"按钮，如图3-31所示。再点击拍摄按钮，即可倒计时3秒拍摄，如图3-32所示。

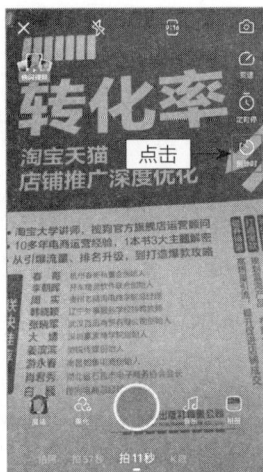

● 图3-31　点击"倒计时"按钮

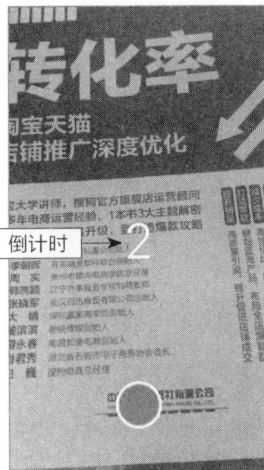

● 图3-32　倒计时3秒拍摄

039　用"快闪视频"模板制作特色视频

"快闪视频"实际上就是为快手运营者提供一个视频制作模板，快手运营者只需将内容添加至模板中，即可制作出特色视频。

快手运营者点击拍摄设置界面中的"快闪视频"按钮，进入"快闪视频"界面，如图3-33所示。在该界面中，快手运营者可以选择对应的快闪视频

● 图3-33　进入"快闪视频"界面

效果。选择完成后，只需点击下方的"使用此模板制作"按钮，即可直接套用对应的模板快速打造快手短视频。

040 为快手短视频配备合适的背景音乐

如何在快手平台中直接选择背景音乐呢？下面就来介绍具体步骤。

步骤01 点击拍摄设置界面中的"音乐"按钮，如图3-34所示。

步骤02 进入"曲库"界面，如图3-35所示。快手运营者可以在该界面中直接选择音乐，也可以通过搜索查找需要的音乐。

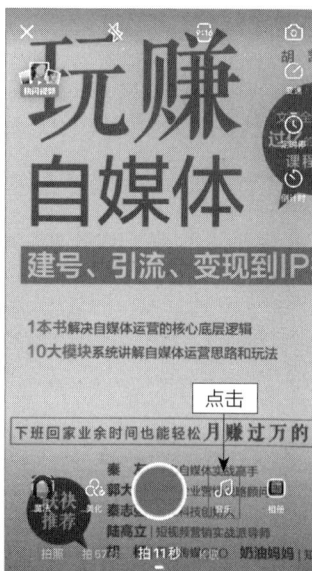

● 图3-34 点击"音乐"按钮

● 图3-35 "曲库"界面

步骤03 例如，搜索"下山"即可看到相关音乐。快手运营者可以选择需要的音乐，点击其下方的"使用并开拍"按钮，如图3-36所示。

步骤04 返回拍摄设置界面，如果界面中显示音乐的名称，就说明音乐选择成功了，如图3-37所示。

● 图3-36　点击"使用并开拍"界面

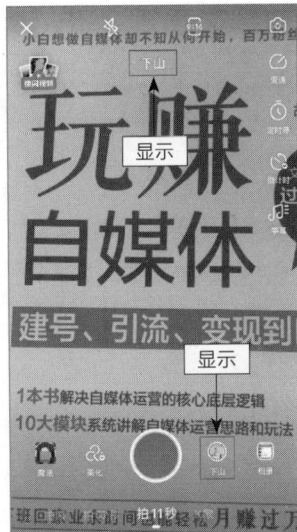

● 图3-37　显示音乐的名称

041　为快手短视频添加个性化字幕效果

快手运营者可以在视频拍摄或作品编辑界面中点击"文字"按钮，选择合适的文字气泡，输入想要搭配的文字，给快手短视频作品添加字幕效果，下面介绍具体的操作方法。

步骤01　拍摄视频后，点击编辑界面中的"文字"按钮，如图3-38所示。

步骤02　进入"文字"编辑界面，在下方选择相应的文字模板，如图3-39所示。

步骤03　在输入框中输入相应的文字内容，如图3-40所示。

步骤04　即可添加文字，按住文字并拖动，可适当调整文字的位置，如图3-41所示。

步骤05　切换至"字幕"选项卡，点击"+自动识别字幕"按钮，系统会自动识别视频中的语音内容，并显示字幕内容，如图3-42所示。

步骤06　点击右下角的✅按钮，即可查看添加文字的效果，如图3-43所示。

● 图3-38　点击"文字"按钮

● 图3-39　"文字"编辑界面

● 图3-40　输入文字

● 图3-41　调整文字的位置

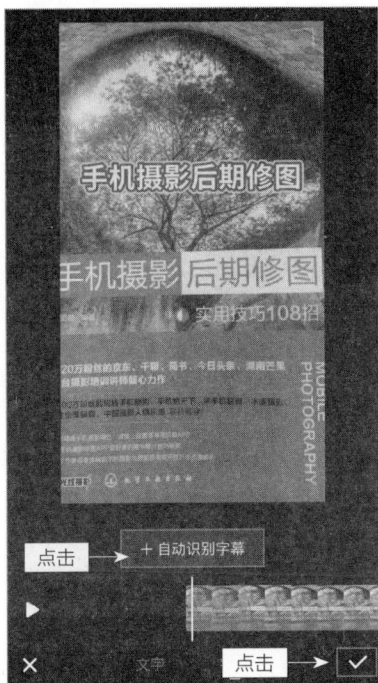

● 图3-42　点击"+自动识别字幕"按钮　● 图3-43　添加文字的效果

042　借助快手"剪切"功能剪辑短视频

视频一次很难拍好，经常需要进行后期剪辑，删除其中某些不完美或者不需要的画面，具体操作步骤如下。

步骤01　拍完视频后，点击视频编辑界面中的"剪切"按钮，如图3-44所示。

步骤02　进入剪辑界面，点击"选取"按钮，如图3-45所示。

步骤03　开始选取视频片段，点击"确定"按钮，即可停止选取，如图3-46所示。

步骤04　选取完成后，点击"删除"按钮，即可删除选择的片段内容，如图3-47所示。

● 图3-44 点击"剪切"按钮

● 图3-45 点击"选取"按钮

● 图3-46 点击"确定"按钮

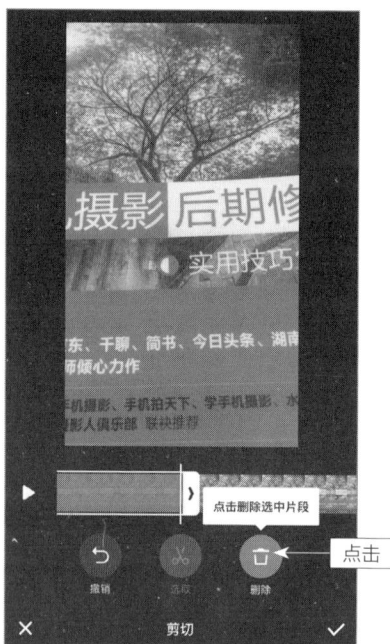

● 图3-47 点击"删除"按钮

第4章

引流推广：创建快手
账号私域流量池

快手平台内的流量只是平台的流量，它属于公域流量。而在快手号的运营过程中需要做的就是通过引流推广，让快手用户关注你的账号，从而创建你的快手账号私域流量池，让公域流量变成私域流量。

要点展示：

➤ 通过原创短视频引流

➤ 通过短视频封面引流

➤ 通过"作品推广"引流

➤ 通过快手话题标签引流

➤ 通过快手直播功能引流

➤ 通过矩阵号打造吸粉

➤ 通过账号互推进行引流

➤ 通过内容造势进行引流

➤ 通过拍同框进行引流

➤ 通过拍同款进行引流

➤ 掌握快手视频引流技巧

➤ 将粉丝变为你的推广员

➤ 通过福利发放引起围观

043　通过原创短视频引流

相比于搬运过来的视频，原创视频对快手用户的吸引力更大，而其引流效果自然也会更好。纵观快手平台上的大号，可以说没有一个账号是靠搬运别人的视频火起来的。即便有的视频套用了他人的某个视频，但在套用之余也会加入自己的原创内容。

这一点很好理解，毕竟快手用户都希望看到新奇的视频内容。如果你的视频是搬运过来的，而快手用户在此之前又看过相同的视频，那么你的视频对他（她）来说就没有吸引力。没有吸引力的视频能获得的流量自然也就十分有限了。

通过发布原创短视频引流对于从事主播的人群来说尤其重要。如果你的视频不是原创的，很可能就会让快手用户产生疑惑，甚至觉得你在骗人。

例如，许多游戏主播经常会在快手平台分享自己的游戏视频，而这些视频中又能看到主播的游戏ID，同时直播时也能看到主播的游戏ID，如图4-1

● 图4-1　短视频和直播中可以看到主播的游戏ID

所示。因此，如果主播直播时ID与分享的短视频不一致，快手用户就会觉得你的视频可能不是原创的。在这种情况下，很可能会出现流量的快速流失。

044 通过短视频封面引流

与抖音直接滑动手机屏幕就能查看下一个视频不同，在快手中要查看某一个视频，需要点击该视频的封面，并且也不能通过滑动屏幕直接查看下一个视频。用户登录快手之后就能在"发现"界面中看到许多视频封面，如图4-2所示。不仅如此，快手用户进入某个快手号主页查看其作品时，看到的也是视频的封面，如图4-3所示。因此，许多快手用户都会根据视频封面来决定要不要点击查看视频。

●图4-2 "发现"界面

●图4-3 某快手号主页界面

在这种情况下，如果你的视频封面对快手用户的吸引力比较强，快手用户自然会愿意点击查看。因此，视频封面越有吸引力，其引流能力就越强。那么，如何让视频封面更具吸引力呢？重点做好以下两个方面的工作。

（1）注重封面的整体美观性，让快手用户看着封面舒服。

（2）将视频的重点信息和亮点通过醒目的文字显示出来，让快手用户看到视频的价值。

045 通过"作品推广"引流

快手短视频发布之后，快手运营者可以通过快手的"作品推广"功能为视频进行引流。所谓"作品推广"，实际上就是通过向快手官方支付一定金额的方式，让快手平台将你的短视频推送给更多的快手用户。那么，快手"作品推广"功能要如何使用呢？下面介绍具体的操作步骤。

步骤01 登录快手短视频App，点击"发现"界面左上方的 ☰ 按钮，弹出快手菜单栏。点击菜单栏中的账号头像，进入快手个人主页界面，选择需要进行"作品推广"的短视频，如图4-4所示。

步骤02 进入短视频播放界面，❶点击视频播放界面中的 按钮；在弹出的列表框中❷选择"作品推广"选项，如图4-5所示。

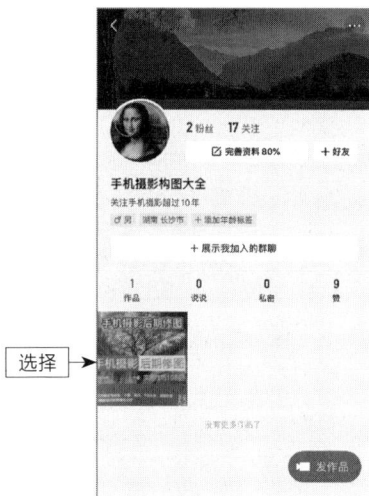

● 图4-4 快手个人主页

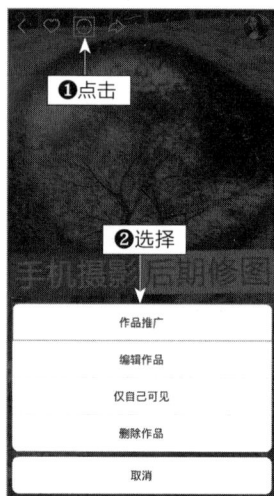

● 图4-5 选择"作品推广"选项

步骤03 进入"作品推广"界面，快手运营者可以根据推广目的，在"把作品推广给更多人"和"推广给粉丝"之间进行选择，如图4-6所示。

以"把作品推广给更多人"为例，快手运营者只需点击"作品推广"界面中的"把作品推广给更多人"按钮，即可进入"推广给更多人"界面，如图4-7所示。

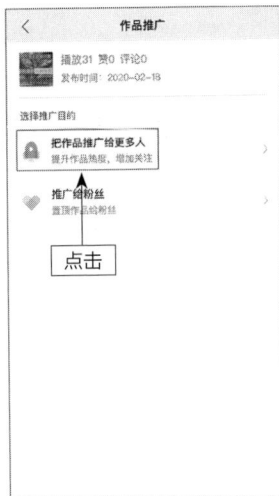

● 图4-6 "作品推广"界面

● 图4-7 "推广给更多人"界面

在该界面中，快手运营者可以对期望增加的数据、投放人群、投放时长、投放页面和投放金额等内容进行选择。选择完成后，只需支付对应的快币，即可完成作品推广的投放设置。

046 通过快手话题标签引流

话题标签引流，这种方式抖音和快手都有，它最大的作用是开发商业化产品，快手平台运用"模仿"这一运营逻辑，实现了品牌最大化的营销诉求。

当然，打造话题标签的关键就在于找到合适的话题。那么如何找到合适的话题呢？笔者认为有两种方法：一种方法是从热门内容中选择话题；另一种方法是在刷视频的过程中选择合适的话题。

1. 从热门内容中选择话题

快手运营者可以进入快手搜索界面，查看"热榜"内容。然后选择其中的某项内容，如图4-8所示。进入该内容的"标签"界面，选择对应的标签，如图4-9所示。

● 图4-8　快手搜索界面

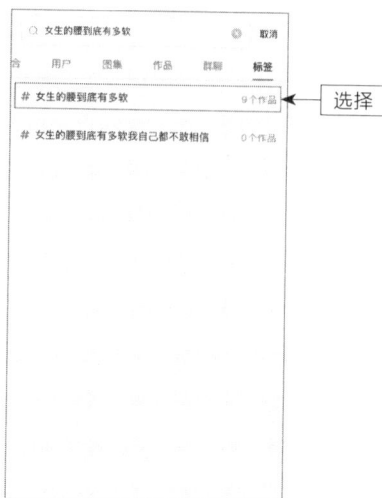

● 图4-9　某内容的"标签"界面

进入该话题标签界面，其中会出现与该话题标签相关的热门和最新短视频，如图4-10所示。快手运营者只需点击某个视频，即可进入视频播放界面，查看相关的视频内容，如图4-11所示。

● 图4-10　话题标签界面

● 图4-11　查看对应的视频

快手运营者根据该话题中相关视频的内容，总结经验，然后据此打造带有话题标签的视频，从而提高自身内容的吸引力，增强内容的引流推广能力。

2. 在刷视频的过程中选择合适的话题

有的视频中会带有话题标签，快手运营者如果想打造相关视频，只需点击对应的话题标签即可。例如，在如图4-12所示的快手视频播放界面中，点击"#感谢快手我要上热门"话题标签，即可进入话题详情界面，如图4-13所示。

●图4-12 点击话题标签　●图4-13 话题详情界面

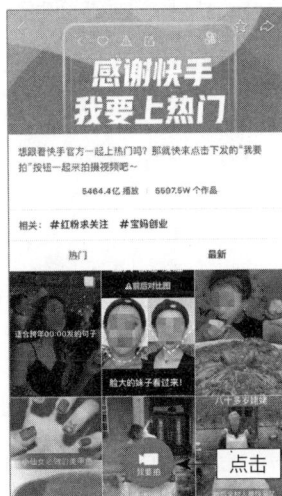

快手运营者如果点击该话题中的"我要拍"按钮，并完成视频的拍摄，那么视频发布界面中将自动显示该话题，如图4-14所示。另外，视频发布之后，在视频播放画面下方也将出现该话题，如图4-15所示。

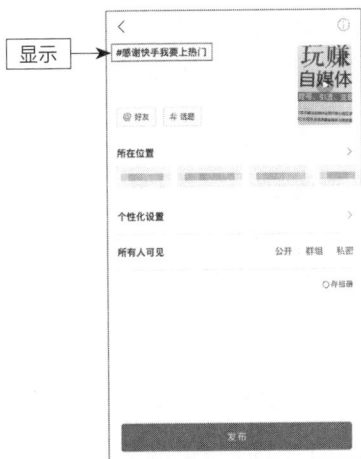

●图4-14 自动显示话题　●图4-15 视频播放画面下方出现该话题

根据数据来看，这种引流营销模式是非常可观的，那么参加快手挑战赛需要注意的规则有哪些呢？主要有以下3点。

（1）在挑战赛中，快手运营者的视频越少露出品牌，越贴近日常的生活，播放量就越可观；

（2）对于快手运营者而言，发布的视频越容易模仿，全民的参与度就会越高，而视频的引流效果也会越好；

（3）参加挑战赛，可以为品牌方提供更多的曝光机会，也能让品牌方更好地累积粉丝、沉淀粉丝。

047 通过快手直播功能引流

在互联网商业时代，流量是所有商业项目生存的根本，谁可以用更短的时间获得更高、更有价值的流量，谁就有更多的变现机会。而快手直播就能达到短期内获取大量流量的目的。因此，许多快手用户都会选择通过开直播进行引流。

真人出镜的要求比较高，你需要克服心理压力，表情要自然和谐，同时最好有超高的颜值或才艺基础。

对于普通人，在通过短视频或直播引流时，也可以采用"无人物出镜"的内容形式。虽然这种方式粉丝增长速度比较慢，但可以通过账号矩阵的方式来弥补，以量取胜。下面介绍"无人物出镜"的具体操作方法。

1. 真实场景+字幕说明

发布的短视频可以通过真实场景演示和字幕说明相结合的形式，将自己的观点全面地表达出来，这种直播方式可以有效避免人物的出现，同时又能够将内容完全展示出来，非常接地气，自然能够得到大家的关注和点赞。

2. 游戏场景+主播语音

大多数快手用户看游戏类直播，重点关注的可能还是游戏画面。因此，这一类直播，直接呈现游戏画面即可。另外，一个主播之所以能够吸引快手用户观看直播，除了本身过人的操作之外，语言表达也非常关键。因此，游戏场景+主播语音就成为许多主播的重要直播形式。如图4-16所示的两个直播采取的就是这种直播形式。

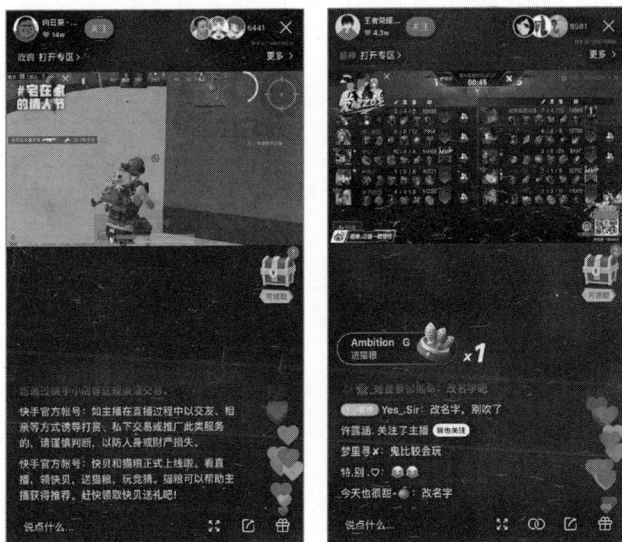

●图4-16　游戏场景+主播语音的直播形式

3. 图片+字幕（配音）

如果直播的内容是一些关于抖音、微信、微博营销的专业知识，那么快手运营者可以选择采用（图片+字幕或配音）的形式进行内容的展示。

4. 图片演示+音频直播

通过"图片演示+音频直播"的内容形式，可以与学员实时互动交流。用户可以在上下班路上、休息间隙、睡前、地铁上、公交上、上厕所、边玩App边听课程分享，节约宝贵时间，带来更好的体验。

048　通过矩阵号打造吸粉

所谓快手营销矩阵，简单地理解就是将多个快手账号组合起来共同进行营销。具体来说，根据账号运营者的不同，快手矩阵大致可分为两类：一是个人矩阵；二是团队矩阵。

个人账号也就是一个运营主体（可以是个人也可以是团队），同时运营多个快手账号。团队矩阵则是将有联系的快手运营者联合起来，共同进行营销。常见的团队矩阵包括家庭矩阵和企业团队矩阵。

例如，快手平台中有两个快手号：一个是"疯狂小杨哥"；另一个是"疯狂大杨哥〔杨家〕"，如图4-17所示。这两个快手号的运营者本身就是亲兄弟，而且两个账号之间经常会进行一些互动。因此，在这两个账号运营过程中，很容易地形成一个家庭矩阵。

• 图4-17　家庭矩阵

049　通过账号互推进行引流

快手账号之间进行互推，也就是两个或者两个以上的快手运营者，双方或者多方之间达成协议，进行粉丝互推，达到共赢的目的。

大家在很多的快手账号中，曾见过某一个快手账号会专门拍一个视频给一个或者几个快手账号进行推广的情况，这种推广就是快手账号互推。两个或者多个快手账号的运营者约定好有偿或者无偿为对方进行推广，很快就能见到效果。

运营者在采用快手账号互推吸粉引流的时候，需要注意的是，互推快手账号平台类型尽量不要跟自己的平台是一个类型的，因为这样运营者之间会存在一定的竞争关系。

两个互推的快手账号之间尽量存在互补性。例如，你的快手账号是卖健身用品的，那么你选择互推时，就应该先考虑找那些推送减肥教程的快手账号，这样获得的粉丝才是有价值的。

在快手平台中，比较常见的一种互推方法就是在视频文案中@互推的账号，如图4-18所示为快手号"娜娜大仙女Fs"和"可乐大人Fs"采用的就是这种互推方式。部分快手用户在看到视频文案时，会想要了解文案中@的快手号，这就可以直接为被@的账号带来一定的流量。

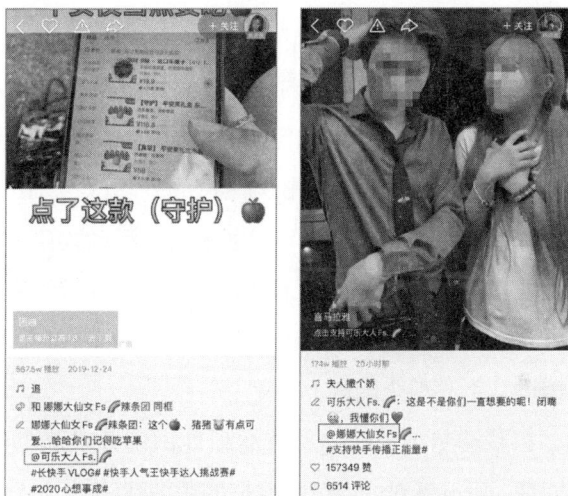

● 图4-18　通过@进行互推

050　通过内容造势进行引流

虽然一个企业或个人在平台上的力量有限，但这并不能否定其内容的传播影响力。要想让目标群体全方位地通过内容了解产品，比较常用的招式就是为内容造势。

1. 传播轰动信息

快手运营者给受众传递轰动、爆炸式的信息，借助公众人物来为快手号造势，兼具轰动性和颠覆性，能够立刻吸引快手用户的眼球。

在这个信息泛滥的时代，想要从众多的视频中脱颖而出，就要制造出一定的噱头，用语出惊人的方式吸引受众的眼球。

2. 总结性的内容

扣住"十大"就是典型的总结性内容之一。所谓扣住"十大"，是指在标题中加入"十大"之类的词语，例如《电影中五个自带BGM出场的男人》《2018年十大好电影推荐》等。这种类型视频标题的主要特点就是传播率广、在网站上容易被转载和产生一定的影响力。

3. 自制条件造势

除了可以借势之外，在推广内容时还可以采用自我造势的方式来获得更多的关注度和更大的影响力。任何内容运营推广，都需要两个基础条件，即足够多的粉丝数量和与粉丝之间拥有较为紧密的关系。

快手运营者只要紧紧地扣住这两点，通过各种活动为自己造势，增加自己的曝光度，就能获得很多粉丝。为了与这些粉丝保持紧密关系，快手运营者可以通过各种平台经常发布内容，还可以策划一些线下的影响活动，通过自我造势带来轰动，引发观众围观。

总的来说，自我造势能够让消费者清晰地识别并唤起他们对产品的联想，以此进行消费，可见其对内容运营推广的重要性。

051 通过拍同框进行引流

当我们看到有趣的视频，或者看到某位知名人士发布的快手视频时，可以借助拍同款视频，借助原有视频或某位知名人士的影响力进行引流。所谓拍同框，就是指在一个视频的基础上，再拍摄另一个视频，然后这两个视频分别在屏幕的左右两侧同时呈现。下面就对快手拍同框视频的具体操作进行简单的说明。

步骤01　点击查看需要拍同框的快手视频，点击播放页面上方的↗按钮，如图4-19所示。

步骤02　弹出"分享至"列表框，点击列表框中的"一起拍同框"按钮，如图4-20所示。

● 图4-19　点击↗按钮

● 图4-20　点击"一起拍同框"按钮

步骤03　进入快手短视频拍摄界面，画面左侧会出现你拍摄的视频内容，右侧则是原视频的画面，如图4-21所示。

步骤04　视频拍摄完成后，即可将视频发布至快手短视频平台。如果发布成功后，短视频分两部分呈现内容，就说明拍同框视频操作成功了，如图4-22所示。

● 图4-21　快手短视频拍摄界面

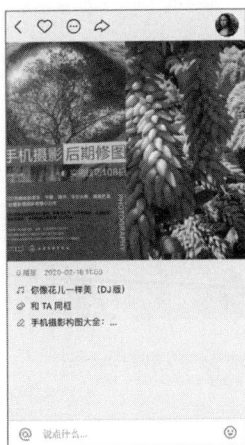

● 图4-22　拍同框视频成功

052 通过拍同款进行引流

快手短视频平台中的拍同框功能，实际上是拍摄相同背景音乐的视频。快手运营者如果觉得某个视频的背景音乐很适合自己要拍摄的短视频内容，就可以借助拍同款功能，借助原视频的背景音乐更好地打造视频内容，更好地为视频进行引流。快手拍同款视频的具体操作如下。

步骤01 点击查看需要拍同款的快手视频，点击播放页面上方的↷按钮，如图4-23所示。

步骤02 弹出"分享至"列表框，点击列表框中的"拍同款"按钮，如图4-24所示。

步骤03 进入快手短视频拍摄界面，界面左上方会显示原视频的原声名称，如图4-25所示。

步骤04 短视频拍摄完成后，即可发布至快手短视频平台。如果发布成功后，视频播放画面下方出现了原背景音乐的名称，就说明拍同款视频操作成功了，如图4-26所示。

●图4-23 点击↷按钮

●图4-24 点击"拍同款"按钮

显示 → 孙老师认真教你学面食的作品原声

出现 ← 孙老师认真教你学面食的作品原声

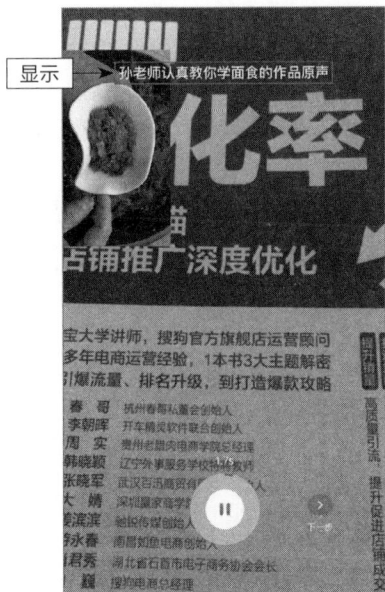

● 图4-25　快手短视频拍摄界面　　● 图4-26　拍同款视频成功

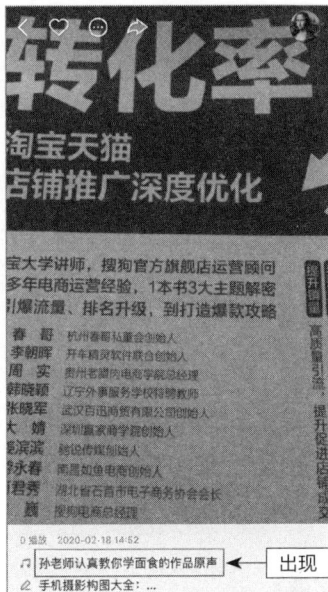

053　掌握快手视频引流技巧

这是一个"酒香也怕巷子深"的时代，各大短视频平台上都有许多视频可供观看，如果你不懂得如何进行引流，那么即便你的视频内容再好，看到的人可能也会比较有限。

在快手平台中，视频本身就是一种很好的引流工具。以吸引快手用户关注，为账号获得持续的流量为例。快手运营者在视频制作和发布过程中，可以在封面和文案中添加"关注"的相关字眼，如图4-27所示。这样一来，快手用户就会明白你想要达到的目的是什么，并且在查看视频之后，如果觉得你的视频确实不错，快手用户也愿意给你关注点赞。

● 图4-27　在封面和文案中添加"关注"的相关字眼

054　将粉丝变为你的推广员

对于快手的运营者来说，个人（或运营团队）的力量毕竟有限。因此，在账号运营的过程中可以适当地借助粉丝的力量，让粉丝变成账号的推广员。当然，要想让粉丝变成账号的推广员，首先还得让粉丝对账号的运营工作产生认同感。那么，如何让粉丝对账号的运营工作产生认同感呢？笔者认为可以重点做好以下3点。

1. 及时回复粉丝私信

及时回复粉丝的私信，看起来只是一件很小的事，但在粉丝看来却是很重要的。如果快手运营者在收到私信之后，马上进行回复，粉丝就会觉得自己受到了重视，甚至会有些受宠若惊。在这种情况下，粉丝就会觉得受到了尊重，而在获得了尊重之后，粉丝自然也会更乐于帮你推广。

2. 增强粉丝的信任感

快手运营者需要与粉丝建立信任感，让粉丝觉得你的账号是值得推荐给其他人的。那么如何增强粉丝的信任感呢？笔者认为最主要的一点就是答应的事情一定要做到，让粉丝觉得你能说到做到。

3. 让粉丝看到你的价值

对于大多数快手用户来说，只有在其看来有价值的账号才值得被推荐。因此，在快手号的运营过程中，一定要让粉丝看到你的价值。例如，摄影类快手号，应该分享一些优质的照片，让粉丝看后赏心悦目；或者分享摄影技巧，让粉丝看后也能学会。

粉丝如何将你的账号分享出去呢？具体的操作方法有很多。例如，❶点击对应快手号主页界面中的 按钮，在弹出的对话框中❷点击"微信"按钮，将快手号的相关信息和快手号的主页链接分享给微信好友，如图4-28所示。

● 图4-28 将快手号分享给微信好友

055 通过福利发放引起围观

一般对自己有好处的事情，许多人都会乐见其成。正因如此，如果能在视频中向快手用户发放一些福利，就有可能快速吸引快手用户的围观。

需要说明的是，这里的福利包含的范围比较广，只要是对快手用户有益处的都算。你既可以发放一些实物奖励，让福利看得见摸得着；也可以分享一些稀有的资源，满足快手用户的好奇心。

如图4-29所示的视频就是通过分享声控福利来进行引流的。可以看到，该快手运营者将"福利"两个字直接放在视频封面上，而点击封面之后，也可以看到福利信息。本身许多声控对于某些配音演员的声音就比较着迷，因此，看到该福利之后，很快地就被吸引了。

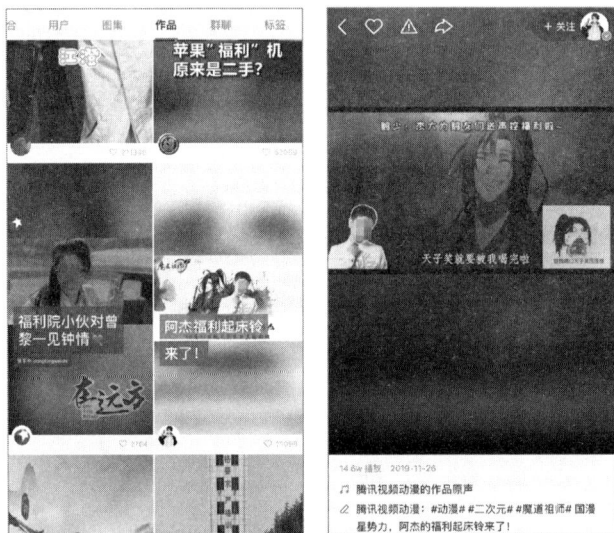

● 图4-29　通过分享声控福利引流

第5章

粉丝运营：与快手
用户形成紧密联系

对于快手运营者来说，无论是吸粉，还是粉丝的黏性都非常重要。而吸粉和粉丝的黏性又都属于粉丝运营的一部分，因此，大多数快手运营者对于粉丝运营都比较重视。

本章通过对粉丝运营相关内容的解读，帮助快手运营者提高粉丝运营能力，更好地与快手用户形成紧密的联系。

要点展示：

➤ 做好精准的粉丝画像　　　　➤ 通过给他人转发视频吸粉

➤ 通过热门视频评论吸粉　　　➤ 通过互关增强粉丝黏性

➤ 通过账号人设打造吸粉　　　➤ 通过社群增强粉丝黏性

➤ 通过参加快手活动吸粉　　　➤ 通过回复私信增强粉丝黏性

➤ 通过与大咖合拍吸粉　　　　➤ 通过回复评论增强粉丝黏性

➤ 通过个性化语言吸粉　　　　➤ 通过提高参与度增强粉丝黏性

056 做好精准的粉丝画像

在粉丝运营过程中，做好精准的粉丝画像非常关键。这一点很好理解，因为快手运营者只有知道粉丝的相关情况，才能针对性地做好粉丝运营，更好地吸引和留住目标粉丝。

一般来说，粉丝画像分为两种：一种是快手运营者根据账号的用户定位进行的粉丝画像，这种粉丝画像只需根据账号自身的用户定位情况进行绘制即可；另一种是在快手账号运营的过程中，其他平台根据账号的运营情况为账号绘制的粉丝画像。下面重点介绍第二种粉丝画像。

这种粉丝画像绘制的关键在于找到一个相对客观的平台，并从平台上找到相关的快手粉丝数据。网上提供快手粉丝数据的平台比较多，飞瓜数据就属于其中之一。下面介绍从飞瓜数据平台中寻找快手粉丝数据的具体步骤。

步骤01 在浏览器中搜索"飞瓜数据"，进入飞瓜数据的官网首页。飞瓜数据的官网首页中为用户提供了"抖音版"和"快手版"，这里快手运营者需要单击界面中的"快手版"按钮，如图5-1所示。

● 图5-1 单击"快手版"按钮

步骤02 即可进入飞瓜数据快手版后台的默认界面，如图5-2所示。

步骤03 ❶单击飞瓜数据快手版后台左侧菜单栏中的"快手号查找"按钮；在"快手号搜索"界面中输入快手号名称（这里笔者以快手号"陈翔6点半"为例进行说明），❷单击搜索栏后面的"搜索"按钮，如图5-3所示。

● 图5-2 飞瓜数据快手版后台的默认界面

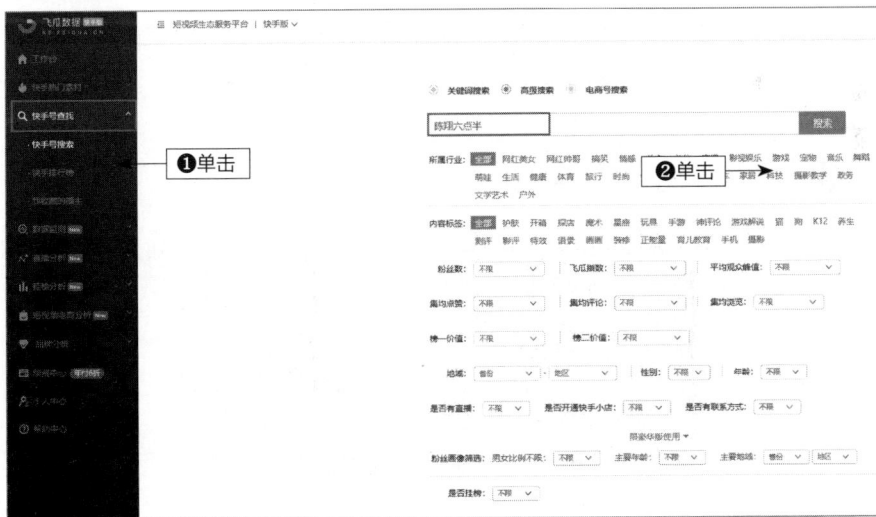

● 图5-3 "快手号搜索"界面

步骤④ 进入搜索结果界面，单击对应账号后面的"查看详情"按钮，如图5-4所示。

步骤⑤ 进入该账号的详情界面，单击界面中的"粉丝数据分析"按钮，即可查看性别分布、年龄分布、地域分布和星座分布等粉丝数据，如图5-5所示。快手运营者只需利用这些数据，即可了解账号的粉丝运营情况，并据此绘制粉丝画像。

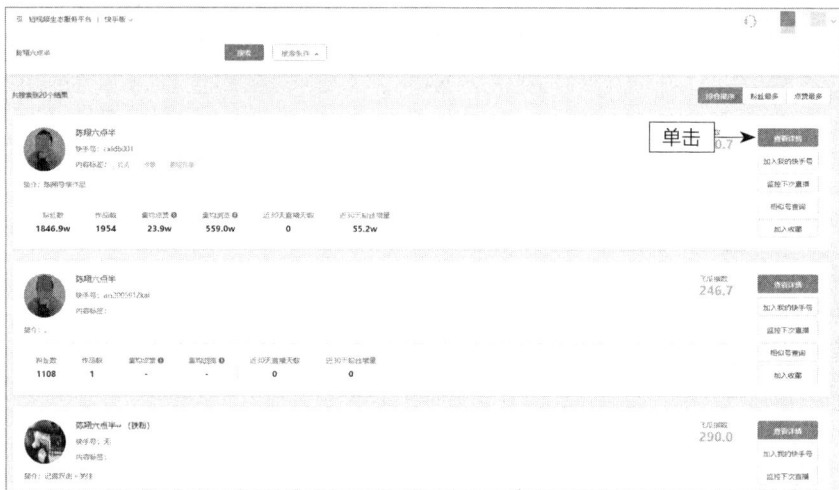

● 图5-4 单击对应账号后面的"查看详情"按钮

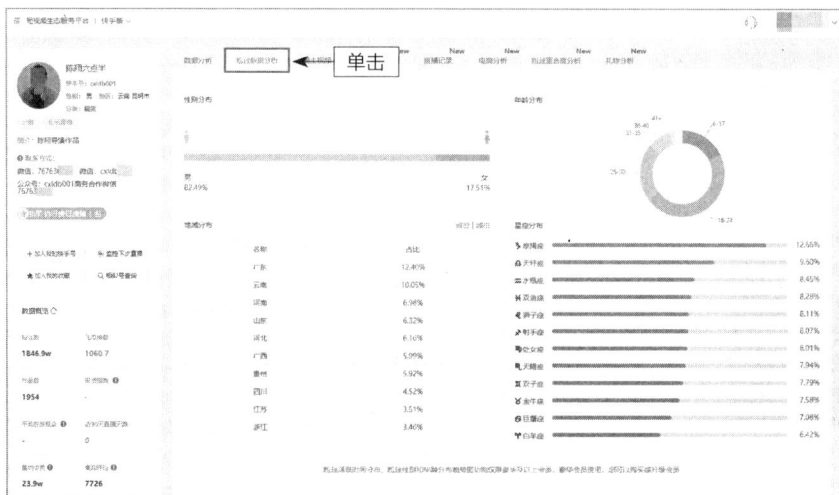

● 图5-5 "快手号搜索"界面

057 通过热门视频评论吸粉

一条视频成为热门视频之后，会吸引许多快手运营者的关注。此时，快手运营者如果在热门视频中进行评论，且评论内容对其他快手用户具有吸引力，那么该快手运营者的评论就可以为其带来一定的流量和粉丝。

在快手App的"发现"界面中，会在视频封面下方显示该视频的点赞数量，如图5-6所示。快手运营者可以根据视频的点赞量判断视频的热度，通常来说，点赞量越高的视频就越热门。

当然，如果选择对与自身账号定位相关的视频进行评论，那么吸粉效果也会更好一些。如图5-7所示，某快手号运营者在一条关于游戏《王者荣耀》的视频中进行评论，而其评论又得到了视频作者的点赞，并且该快手号运营者的账号名称中又包含"王者荣耀"。因此，许多看到该评论的快手用户，就很容易地会被该评论吸引，而这些被吸引的快手用户中自然就会有一部分成为该评论者的粉丝。

● 图5-6 "发现"界面显示点赞量

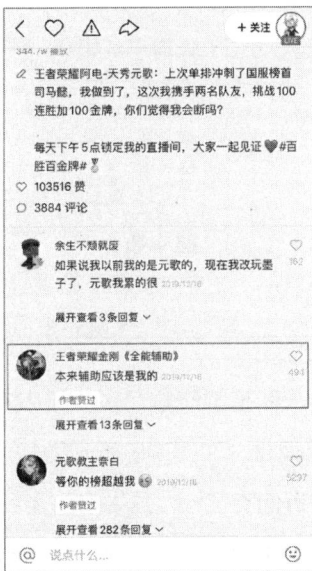

● 图5-7 某快手号运营者在热门
视频中的评论

058 通过账号人设打造吸粉

　　许多快手用户之所以长期关注某个账号，是因为该账号打造了一个吸睛的人设。因此，快手运营者如果通过账号打造了一个让快手用户记得住、足够吸睛的人设，那么就可以持续获得粉丝。

　　通常来说，快手运营者可以通过两种方式打造账号人设吸粉。一种是直接将账号的人设放在账号简介中进行说明。如图5-8所示的账号中通过这种方式，打造"只吃肉不吃菜的女人"这个账号人设的。

● 图5-8　通过账号简介打造人设

　　另一种是围绕账号的人设发布相关视频，在强化账号人设的同时，借助该人设吸粉。如图5-9所示为快手号"大胃浪胃仙"发布的一条视频，该视频中浪胃仙吃了一大盆牛肉面之后还没吃饱，接着又吃了一大盆荷包蛋粉。

　　快手用户从"大胃浪胃仙"这个账号名称可以看到该账号"大胃王"的人设，再加上视频中该账号运营者吃的东西非常多，"大胃王"这个人设得到了强化。因此，许多对美食、大胃王吃东西等内容感兴趣的快手用户，很自然地就成为该账号的粉丝。

●图5-9　快手号"大胃浪胃仙"发布的一条视频

059　通过参加快手活动吸粉

快手官方平台的活动会快速吸引许多快手用户的关注，快手运营者可以通过参加快手官方活动的方式，打造视频内容，并借助视频将其中的部分快手用户变为粉丝。那么如何通过参加快手官方活动吸粉呢？下面讲解具体的操作步骤。

步骤01　登录快手App，点击"发现"界面中的 ☰ 按钮，如图5-10所示。

步骤02　在弹出的左侧菜单栏中，点击"今天看点啥"按钮，如图5-11所示。

步骤03　进入"今天看点啥"界面，该界面的左上方通常会展示快手平台当前的热门官方活动。可以看到此时展示的是"我想对你说"活动，如果快手运营者要参加该活动，只需点击该展示版块即可，如图5-12所示。

步骤04　点击对应的展示版块后，进入活动详情界面，点击界面中的

"去拍摄"按钮，如图5-13所示。

点击 ——

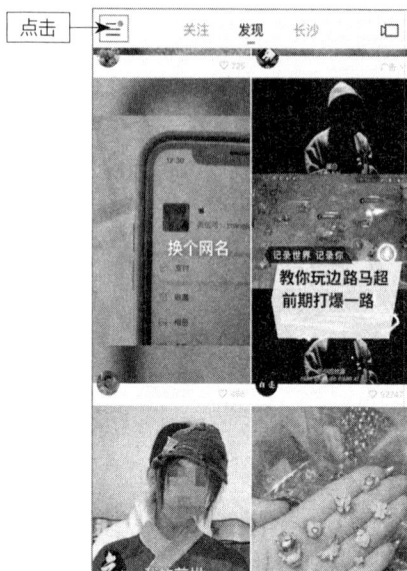

● 图5-10　点击≡按钮

点击 ——

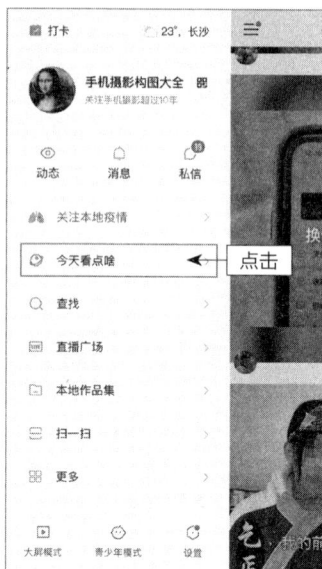

● 图5-11　点击"今天看点啥"按钮

点击 ——

● 图5-12　点击展示版块

点击 ——

● 图5-13　活动详情界面

　　点击"去拍摄"按钮之后，快手运营者就可以通过拍摄与活动话题相关的视频，参与该官方活动。视频发布之后，快手用户进入该活动的详情页即可看到你发布的视频。如果你的视频对快手比较具有吸引力，就可以快速获得部分快手用户的关注，达到吸粉的目的。

060　通过与大咖合拍吸粉

大咖之所以被称为"大咖"，就是因为他们带有一定的知名度和流量。如果快手运营者发布与大咖的合拍视频，便能吸引一部分对该大咖感兴趣的快手用户，并将其中的部分快手用户转变为快手账号的粉丝。

通常来说，与大咖合拍主要有两种方式。一种是与大咖合作，现场拍摄一条合拍视频。如图5-14所示的两条视频中，便是通过这种方式与沈腾、古天乐这两位大咖合拍视频来吸粉的。沈腾和古天乐本身就是比较知名的演员，且拥有众多粉丝。因此，这两条视频发布之后，便很容易地吸引许多快手用户的关注，并将其中的部分快手用户转变为快手账号的粉丝。

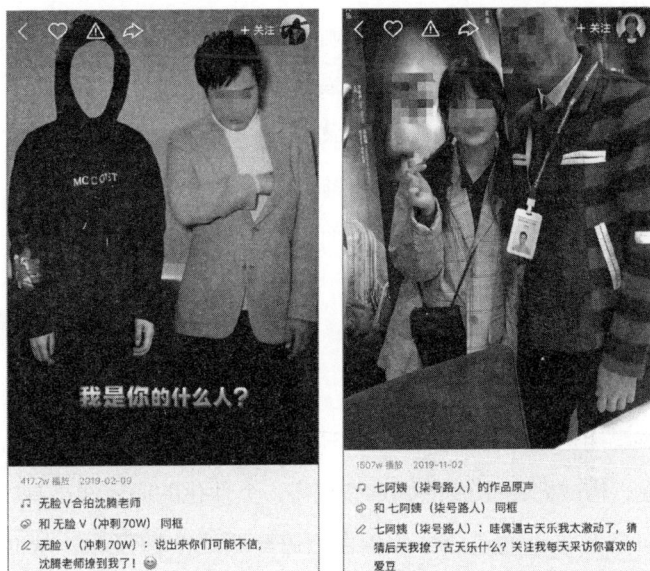

● 图5-14　与大咖现场合拍视频

另一种是通过快手App中的"拍同款"功能，借助大咖已发布的视频，让大咖与自己的内容同时出现在画面中，手动进行合拍。如图5-15所示的两条视频中，快手运营者便是通过"拍同款"功能与迪丽热巴进行合拍，并借助迪丽热巴的流量来进行吸粉的。

● 图5-15 通过"拍同款"功能进行合拍

这两种合拍方式各有优势。与大咖现场合拍的视频，能够让快手用户看到大咖的现场表现，内容看上去更具有真实感。而通过"拍同款"功能进行合拍，则操作相对简单，也更具有可操作性，只要大咖发布了可合拍的视频，快手运营者便可以借助对应的视频进行合拍。

061 通过个性化语言吸粉

许多快手用户之所以会关注某个快手账号，主要是因为这个账号有着鲜明的个性。构成账号个性的因素有很多，个性化的语言便是其中之一。因此，快手运营者可以通过个性化语言打造鲜明的个性形象，从而借此吸引粉丝的关注。

快手视频主要由两部分组成，即画面和声音。而具有个性的语言则可以让视频的声音更具特色，同时也可以让整个视频对快手用户的吸引力更强。一些个性语言甚至可以成为快手运营者的标志，让快手用户一看到该语言就会想到某位快手运营者，甚至于在看到某位快手运营者的视频和直播时，会期待其标志性话语的出现。

例如，李佳琦在视频和直播时，经常会说"OMG！""买它买它！"，于是这两句话便成为李佳琦的标志性话语。再加上李佳琦粉丝量众多，影响力比较大，所以，当其他人说这两句话时，许多人也会想到李佳琦。

正因如此，李佳琦在视频和直播时，也开始用这两句话来吸睛。如图5-16所示为李佳琦发布的两条快手视频的封面，可以看到封面上赫然写着"OMG！"。而快手用户在看这两条视频时，看到李佳琦在说"OMG！""买它买它！"，会觉得非常有趣，进而关注李佳琦的快手号，这就很好地达到吸粉的目的。

● 图5-16　李佳琦发布的两条快手视频的封面

062　通过给他人转发视频吸粉

每个人都有属于自己的关系网，这个关系网包含的范围很大，甚至会包含很多没有见过面的人，比如虽然同在某个微信或QQ群，但从没见过面的人。如果快手运营者能够利用自己的关系网，将快手号中已发布的视频转发给他人，那么可以有效地提高快手视频的传播范围，为快手账号吸粉创造更多可能性。

快手平台开通了分享功能，快手运营者可以借助该功能将视频转发至微信、QQ等平台。那么具体如何来进行操作呢？下面将快手视频分享至QQ群的操作进行简单的说明。

步骤01 登录快手App，进入需要分享的快手视频的播放界面，点击界面上方的 按钮，如图5-17所示。

步骤02 弹出"分享至"列表框，点击列表框中的"QQ好友"按钮，如图5-18所示。

● 图5-17 点击 按钮

● 图5-18 点击"QQ好友"按钮

步骤03 跳转至QQ App的"发送给"界面，在界面中选择想要分享快手视频的QQ群。操作完成后，界面中将弹出"分享给"列表框，点击列表框中的"发送"按钮，如图5-19所示。

步骤04 如果对应QQ群中出现分享的快手视频的相关信息，就说明快手视频转发成功了，如图5-20所示。

快手视频转发完成之后，QQ群成员如果被视频吸引，就有可能登录快手App，关注你的快手号。当然，通过这种方式吸粉，应尽可能地让视频内容与分享的QQ群中的主要关注点有所关联。

● 图5-19　点击"发送"按钮

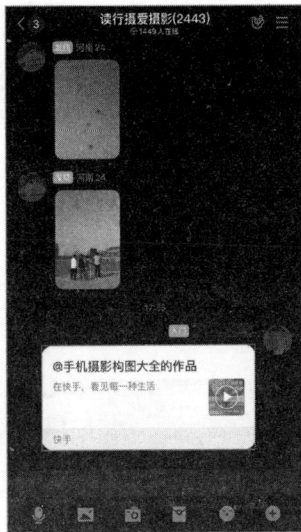

● 图5-20　快手视频转发成功

例如，同样是转发教授摄影技巧的快手视频，将其转发至关注摄影的QQ群获得的吸粉效果，肯定会比将视频转发至专注唱歌的QQ群获得的效果好。

063　通过互关增强粉丝黏性

如果快手用户喜欢某个账号发布的内容，可能就会关注该账号，以方便日后查看该账号发布的内容。虽然关注只是快手用户表达喜爱的一种方式，大部分关注你的快手用户，也不会要求你进行互关。但是，如果快手用户关注你的快手号之后，你进行了互关，那么快手运营者就会觉得自己受到了重视。在这种情况下，那些互关的快手粉丝就会更愿意持续关注你的账号，粉丝的黏性自然也就慢慢增强了。

那么如何与粉丝互关呢？下面介绍具体的操作步骤。

步骤**01**　登录快手App，进入快手主页界面，点击账号头像右侧的"粉丝"按钮，如图5-21所示。

步骤**02**　进入"粉丝"界面，点击对应粉丝后面的"+关注"按钮，即可实现与该粉丝的互关，如图5-22所示。

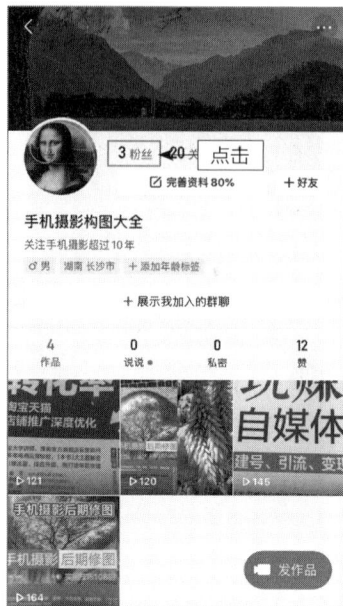

●图5-21　点击"粉丝"按钮　　●图5-22　点击"+关注"按钮

这种增强粉丝黏性的方法在快手号运营的早期尤其实用。因为快手号刚运营时，粉丝数量往往比较少，增长速度也比较慢。但是，粉丝流失率却可能比较高。也正因如此，快手运营者可以尽可能地与所有粉丝互关，让粉丝感受到自己被重视。

064　通过社群增强粉丝黏性

创建社群可以让具有相同兴趣爱好的人群聚集在一起。快手运营者可以创建粉丝群，将粉丝拉进群中，通过日常的沟通，增强与粉丝的互动，从而有效地增强粉丝的黏性。

如图5-23所示，某快手电商运营者创建了一个微信粉丝群，并在该群中实时地发布产品的折扣信息。如果相关产品有需求，粉丝就会留在群里。再加上该快手运营者也会适时地发红包感谢粉丝的支持，如图5-24所示。因此，粉丝进群之后自然会更愿意留下来。

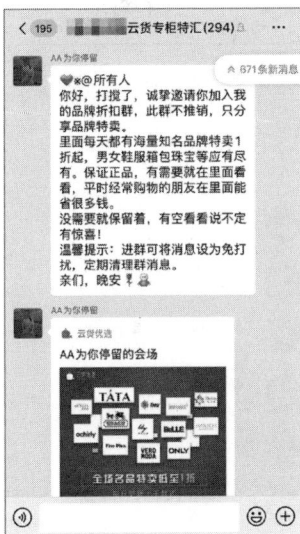

● 图5-23　某快手电商运营者创建的
　　　　微信粉丝群

● 图5-24　发红包感谢支持

065　通过回复私信增强粉丝黏性

粉丝关注你的快手账号之后，如果对相关问题有疑问，可能就会通过私信的方式进行询问。如果你及时回复粉丝的私信，并提供专业性的意见，粉丝就会觉得你的账号值得一直被关注。

要回复粉丝的私信，首先要找到接收和回复私信的位置。快手运营者只需❶点击快手"发现"界面中的 ☰ 按钮，在界面左侧弹出菜单栏；❷点击菜单栏中的"私信"按钮，如图5-25所示。即可进入"私信"界面，如图5-26所示。

私信界面会显示其他账号发送的私信，快手运营者可以一一查看私信内容。如果粉丝对某些问题有疑问，可以点击私信信息，并及时进行回复。

除了回复私信之外，快手运营者还可以通过被关注自动回复私信的设置，对关注自己的快手用户表示感谢和欢迎。下面就对被关注自动回复私信的设置步骤进行说明。

步骤❶　登录快手App，从快手主页中进入"粉丝"界面，❶点击界面右

上方的 ••• 按钮；在弹出的列表框中，❷点击"设置被关注后自动回复"按钮，如图5-27所示。

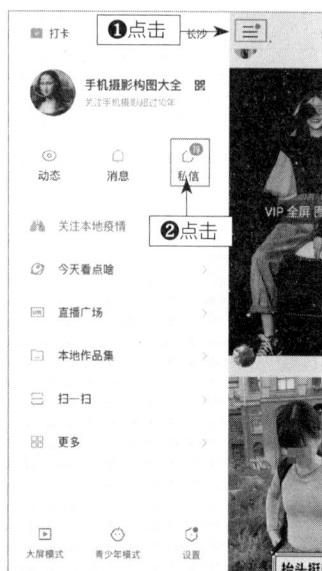

● 图5-25　点击"私信"按钮

● 图5-26　"私信"界面

步骤❷　进入"设置被关注后自动回复"界面，向右滑动界面中的 ⬤ 按钮，如图5-28所示。

● 图5-27　"粉丝"界面

● 图5-28　"设置被关注后自动回复"界面

步骤03 ⬜ 按钮将变为 🔵 按钮，与此同时，系统将默认选择被关注后自动回复的私信内容为"感谢你的关注💚"，如图5-29所示。

步骤04 如果快手运营者更换被关注后自动回复的私信内容，可以选择界面中的选项，进行实时调整。如图5-30所示为选择"感谢你这么好看还关注我😊"的显示效果。

● 图5-29 默认自动回复的私信内容 ● 图5-30 调整后的自动回复私信内容

被关注自动回复的私信，虽然只有简单的一句话，但是，却能让快手用户感受到应有的尊重。这就像是与人见面之后说的一句"吃了吗？"一样，虽然看上去感觉有些公式化，但也让人与人之间多了一些人情味。

066 通过回复评论增强粉丝黏性

平时快手刷得多的用户能够发现这么一个问题，快手视频运营者基本不在评论区互动。为此，笔者随机查看了二三十条快手视频，大多数运营者都没有在评论区互动。其实，回复评论对于增强粉丝黏性非常重要，当快手运营者及时回复评论时，那些积极评论的快手用户就会感觉到自己的意见得到了重视。这样一来，这部分快手用户自然更愿意持续地关注那些积极回复评论的快手号。

不管是在抖音中，还是在快手中，用户都会更愿意持续关注尊重自己的账号。如果快手运营秉持这个理念，并将这个理念贯彻，用心去回复评论，以增强用户的黏性，提高带货能力。

回复评论对于快手电商运营者尤其重要，有时快手用户虽然有购买产品需求，但是心中有一些疑问，于是便选择通过评论来寻求答案。此时，快手运营者可以解答评论中的疑问来增强快手用户的购买需求，并增强快手用户对账号的黏性，如图5-31所示。

当然，对于一些快手大号来说，一一回复快手用户的评论可能是不现实的。此时，快手运营者也可以重点选择部分热门评论进行回复，或者通过为赞同的、精彩的评论点赞，来表示自己对评论的关注，如图5-32所示。

● 图5-31　通过回复评论解答问题　　● 图5-32　通过点赞表示对评论的关注

067　通过提高参与度增强粉丝黏性

内容方向相同的两个快手账号，其中一个账号会经常发布一些可以让你参与进去的内容，而另一种账号则只顾着输出内容，不管你的想法。这样的两个账号，你会更愿意留在哪个账号呢？答案是显而易见的，毕竟大多数快手运营者都有自己的想法，也希望将自己的想法表达出来。

基于此，快手运营者可以在内容打造的过程中，为快手用户提供一个表达的渠道。通过打造具有话题性的内容，提高快手用户的参与度，让快手用户在表达欲得到满足的同时，愿意持续关注你的快手号。

例如，某个以发布游戏类内容为主的快手号，发布了一条关于《王者荣耀》的快手视频。该视频的封面直接写道："王者荣耀春节破纪录，你知道吗？"，如图5-33所示。

看到这个封面之后，许多对《王者荣耀》感兴趣的快手用户会忍不住想要查看该视频。再加上视频内容具有一定的引导性，因此，许多快手用户看完视频之后，纷纷在评论区进行评论，如图5-34所示。

●图5-33　关于《王者荣耀》的视频　　●图5-34　快手用户在评论区的评论

这些发言的快手用户中，大部分又会选择关注发布该视频的快手号。而那些已经关注了该账号的快手用户则会因为该账号发布的内容比较精彩，并且自己能参与进来而进行持续关注。这样一来，该快手号的粉丝黏性便得到了增强。

第6章

营销技巧：增加快手
用户的消费欲望

对于快手运营者，特别是通过产品变现的快手运营者来说，增加快手用户的消费欲望，提高产品的销量非常关键。要达到这些目的，就必须掌握必要的营销技巧，让你的营销行为能够走进快手用户的心里。

要点展示：

➤ 营销之前需进行充分了解
➤ 账号和产品都要推销到位
➤ 营销痕迹越弱效果会越好
➤ 营销中应适当展示产品优势
➤ 巧妙地植入更容易让人动心
➤ 活动营销：快速吸引目光
➤ 饥饿营销：制造紧缺气氛
➤ 事件营销：合理利用热点

➤ 口碑营销：提高用户好评
➤ 借力营销：寻求合作共赢
➤ 内容营销：增强视频吸引力
➤ 用户营销：满足用户的需求
➤ 品牌营销：提高名气和销量
➤ 跨界营销：增加产品覆盖面
➤ 反向营销：反弹琵琶有奇效

068 营销之前需进行充分了解

做什么事情之前，都应该做足准备，对相关内容进行充分了解，做营销也是如此。快手运营者只有对需要营销的事物进行充分了解，才能让营销内容有的放矢，更好地打动目标用户。具体来说，在营销之前需要重点对两方面的内容进行了解，具体如下。

1. 成本

成本可以分为两种：一种是营销推广的成本；另一种是产品的生产成本或进价。在了解了这两种成本之后，快手运营者便能预估自身的总体成本，根据总成本确定产品的销售价格，从而更好地保障自身的收益。

2. 卖点

对于某件产品或某个事物，快手运营者会重点关注其卖点和亮点。如果快手运营者在做营销之前，对需要营销的事物进行充分了解，并从中提炼出该事物能够打动快手用户的卖点，进行针对性的营销。那么快手用户在看到营销内容之后，自然更容易动心，而营销的效果也会更好。

在了解这两个方面的内容之后，快手运营者就可以着手准备营销了。当然，要想让营销获得更好的效果，还得选择合适的营销方式。

069 账号和产品都要推销到位

在快手账号的运营过程中，账号和产品的营销都非常重要。只有对账号进行营销，才能让账号获得更多流量，从而增强账号的变现能力。同时，大部分快手运营者是借助产品进行变现的，通过对产品的营销，可以增强产品对快手用户的吸引力，让更多快手用户下单购买。

然而，在现实生活中，许多快手运营者在做营销时往往会过分重视其中的一个方面，而忽略了另一个方面。

比如，有的运营者会通过各种方式，在各个平台对快手账号进行营销，吸引了许多人的关注，却因为缺乏对产品的营销，导致下单率相对较低。又如，有的运营者花费了许多时间和精力做产品营销，却忽略了账号的营销，结果关注账号的人数相对较少，部分看到产品营销内容的人群，找不到产品的购买渠道，产品的变现能力远远达不到预期。

由此可见，账号和产品都是快手营销的重点。无论是缺了账号的营销，还是缺了产品的营销，都会让最终的营销效果和账号的变现能力大打折扣。因此，在做快手营销时，一定要将账号和产品营销都做到位。

070　营销痕迹越弱效果会越好

部分快手运营者在做营销时会选择相对直接的方式。比如，卖产品的快手运营者，会通过视频对产品进行展示。甚至会通过多个相似的视频，对同一个产品进行营销推广，如图6-1所示。

●图6-1　相似的视频对同一产品进行营销推广

这种直接通过多个视频对同一产品进行推广的做法，虽然能让快手用户看到你销售的产品，了解产品的相关信息。但是，也很容易让快手用户产生反感情绪。毕竟大多数快手用户都不喜欢看广告，而且这么做相当于是在多次做相似的广告。这种行为，会让快手用户在看到你的视频之后，直接忽略。

其实，快手用户之所以会对广告营销行为产生反感情绪，主要还是因为部分广告营销的痕迹太重了，而且很多广告都是在重复进行营销。如果快手运营者能够适当弱化营销痕迹，快手用户也会更加容易接受一些。

比如，同样是卖厨具。你直接通过视频对厨具进行全面的展示，快手用户可能不会看完你的视频。你如果在一个制作美食的视频中，使用要卖的厨具，而且让快手用户看到该厨具是非常实用的，那么快手用户不仅不会觉得你是在做广告，甚至还会因为厨具看起来很好用而直接下单购买。

071　营销中应适当展示产品优势

随着网络技术的快速发展和电商平台的不断增长，消费者购买商品的渠道越来越多。即便是同一款商品，快手用户可能也有多个选择。在这种情况下，怎样让快手用户认准你销售的商品呢？笔者认为比较有效的一种方法就是在营销时进行适当的展示，甚至是放大产品的优势，让你的产品更能打动快手用户。

如图6-2所示的两条快手营销视频中，其中一条以"好用不贵"为卖点，而另一条则强调是"超耐用的百元机"。这两条营销视频显然就是在展示产品的优势，甚至有一点在放大产品的优势。如果快手用户看到这两条视频时，对洗面奶和手机有需求，可能很容易地会被打动。

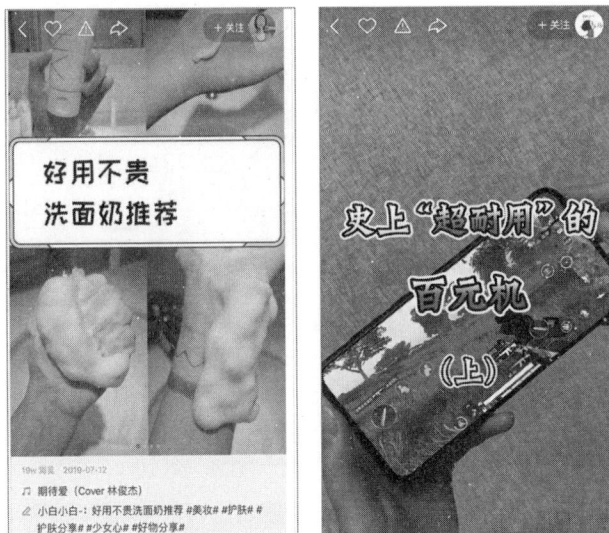

● 图6-2　适当展示产品的优势

072　巧妙地产品植入更容易让人动心

对于主要依靠产品变现的快手运营者来说，在营销视频中进行产品植入无疑是非常关键的。但是，如果你的植入太过生硬，快手用户可能就会生出反感情绪。对此，快手用户需要适当地将植入进行软化，让植入变得更加巧妙一些。

要知道，对待植入，大多数快手用户是"吃软不吃硬"的。只要你的植入足够巧妙，快手用户很容易地就会对你的产品动心。

部分快手运营者在做产品营销视频时，会将视频变成单纯的产品展示。这种视频本身就没有很大的看点，而且植入也很"硬"。这又怎么可能让快手用户对视频中的产品动心呢？

如图6-3所示，某快手运营者在自己的账号中经常会分享一些美食的制作方法，某个视频中该快手运营者在制作美食时，看似不经意地提到了豆酱这种调料，并对豆酱进行了短暂的展示。快手运营者在看到视频之后，如果需要购买豆酱，可能就会点击查看该快手运营者的小店，而其小店中正好就在销售豆酱。于是，许多快手运营者自然而然地就会在他的小店中下单购买。

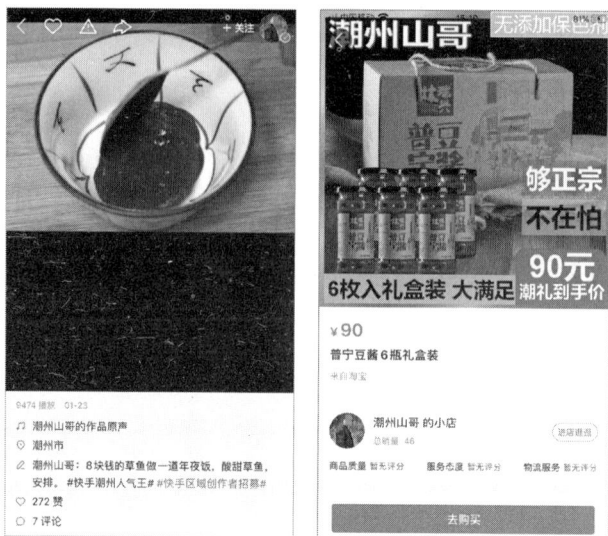

● 图6-3　巧妙地植入商品

其实，该运营者的做法就是一种巧妙地植入，虽然在视频中没有对豆酱进行过多的介绍，但是快手用户在看完视频之后，会觉得要做好这道菜，豆酱似乎是必不可少的。这样一来，这种巧妙地植入，便很容易地打动了许多快手用户从而进行购买。

073　活动营销：快速吸引目光

活动营销是指通过资源整合，策划相关的活动，从而达到卖出产品，提升企业和店铺形象的一种营销方式。营销活动的推出，可以提高客户对店铺和品牌的依赖度，从而更好地培养出核心用户。

活动营销是各种商家最常采用的营销方式之一，常见的活动营销方法包括抽奖营销、签到营销、红包营销、打折营销和团购营销等。许多店铺通常会采取"秒杀""清仓""抢购"等方式，以相对优惠的价格吸引用户购买产品，增加平台的流量。

如图6-4所示为某商品的销售界面，通过举办优惠活动进行产品销售。这实际上便是典型的活动营销。

● 图6-4　某商品的销售界面

　　活动营销的重点往往不在于活动这个表现形式，而在于活动中的具体内容。也就是说，快手电商运营者在做活动营销时需要选取用户感兴趣的内容，否则可能难以收到预期的效果。

　　对此，快手电商运营者需要将活动营销与用户营销结合起来，以活动为外衣，把用户需求作为内容进行填充。比如，当用户因商品价格较高不愿下单时，可以通过发放满减优惠券的方式，适度让利，薄利多销。

074　饥饿营销：制造紧缺气氛

　　饥饿营销属于常见的一种营销战略，但是要想采用饥饿营销的策略，首先还需要产品有一定的真实价值，并且品牌在大众心中有一定的影响力，否则，目标用户可能并不会买账。饥饿营销实际上就是通过降低产品供应量，造成供不应求的假象，从而形成品牌效应、快速销售产品。

　　饥饿营销运用得当产生的良好效果是很明显的，对店铺的长期发展十分有利。如图6-5所示为某化妆品的饥饿营销相关界面，其便是通过极低的价格销售较为有限的产品数量的方式，使有需求的消费者陷入疯狂的抢购。

● 图6-5 某化妆品的饥饿营销相关界面

对于快手电商运营者来说，饥饿营销主要起到两个作用。一是获取流量，制造短期热度。比如，在此次抢购活动中，如图6-5中的化妆品受价格的影响，大量消费者将涌入该产品的购买页面。二是增加认知度，随着此次抢购活动的开展，许多用户一段时间内对品牌的印象加深，品牌的认知度获得提高。

075 事件营销：合理利用热点

事件营销就是借助具有价值的新闻、事件，并结合产品的特点进行宣传推广，进行产品销售的一种营销方式。运用事件营销引爆产品的关键就在于结合热点和时事。

以"垃圾分类"的热门话题为例，随着话题的出现，紧接着一大批明星名人也迅速加入话题讨论，使其成为网络一大热点。许多厂家和店铺看到该事件之后，推出了垃圾分类益智玩具，如图6-6所示。

该玩具推出之后，借助"垃圾分类"这个热点事件，再加上该产品在快手、抖音等平台的疯狂宣传，产品知名度大幅度提高，随之而来的是大量消费者涌入店铺，产品成交量快速增加。

● 图6-6 垃圾分类益智玩具

综上所述，事件营销对于打造爆品十分有利，但是事件营销如果运用不当，也会产生一些不好的影响。因此，在事件营销中需要注意以下几个问题，如事件营销要符合新闻法规、事件要与产品有关联性、营销过程中要控制好风险等。

事件营销具有几大特性，分别为：重要性、趣味性、接近性、针对性、主动性、保密性、可引导性等。这些特性决定了事件营销可以帮助产品变得火爆，从而成功达到提高产品销量的效果。

076 口碑营销：提高用户好评

互联网时代，消费者很容易受到口碑的影响，当某一事物受到主流市场推崇时，大多数人都会对其趋之若鹜。对于抖音电商运营者来说，口碑营销主要是通过产品的口碑，进而通过好评带动流量，让更多消费者出于信任购买产品。

常见的口碑营销方式主要包括经验性口碑营销、继发口碑营销和意识口碑营销。下面分别进行简要的解读。

1. 经验性口碑营销

经验性口碑营销主要是从消费者的使用经验入手，通过消费者的评论让其他用户认可产品，从而产生营销效果。如图6-7所示为某店铺中某商品的评论界面。

● 图6-7 某店铺中某商品的评论

随着电商购物的发展，越来越多的人开始养成这样一个习惯，那就是在购买某件产品时一定要先查看他人对该物品的评价，以此对产品的口碑进行评估。而店铺中某件商品的总体评价较好时，产品便可凭借口碑获得不错的营销效果。

比如，在图6-7中，绝大多数用户都是直接给好评，该产品的综合评分更是达到了4.8分。所以，当需要购买产品的用户看到这些评价时，可能会认为该产品总体比较好，并在此印象下将之加入购物清单。而这样一来，产品便借由口碑将营销变为了"赢销"。

2. 继发性口碑营销

继发性口碑的来源较为直接，就是消费者直接在快手平台和电商平台上了解相关的信息，从而逐步形成的口碑效应，这种口碑往往来源于快手平台和电商平台上的相关活动。

以"京东"为例，在该电商平台中，便通过"京东秒杀""大牌闪购""品类秒杀"等活动，给予消费者一定的优惠。所以，"京东"便借助这个优势在消费者心中形成口碑效应。

3. 意识性口碑营销

意识性口碑营销，主要借助名人效应进行产品口碑营销，而营销的效果也与名人的名气有很大的关系。通常来说，名人的名气越大，营销的效果往往就越好。

相比于其他推广方式，请明星代言的优势就在于，明星的粉丝很容易"爱屋及乌"，在选择产品时，会有意识地将自己偶像代言的品牌作为首选，有的粉丝为了扩大偶像的影响力，甚至还会将明星的代言内容进行宣传。

口碑营销实际上就是借助从众心理，通过消费者的自主传播，吸引更多的消费者购买产品。在此过程中，非常关键的一点就是消费者好评的打造。毕竟当新用户受从众心理的影响进入店铺之后，要想让其进行消费，还得先通过好评获得用户的信任。

077 借力营销：寻求合作共赢

借力营销是指借助于他人的优势资源来实现自身目标的一种营销方法。比如，快手电商运营者在产品的推广过程中存在自身无法完成的工作，但是其他人擅长这一方面的工作，就可以通过合作达成目标。

在进行借力营销时，快手电商运营者可以借力于3个方面的内容，具体如下。

（1）品牌的借力：借助其他知名品牌，快速提升品牌和店铺的知名度和影响力。

（2）用户的借力：借助其他平台中用户群体的力量，宣传店铺及其产品。

（3）渠道的借力：借助其他企业擅长的渠道和领域，节省资源、打造共赢。

如图6-8所示为某快手运营者借力爱奇艺视频进行营销的相关画面。该快手运营者通过将视频上传至爱奇艺视频的方式，借助该视频将爱奇艺视频上的用户变为快手号的宣传对象，从而增加了对快手号的宣传力度和影响范围。

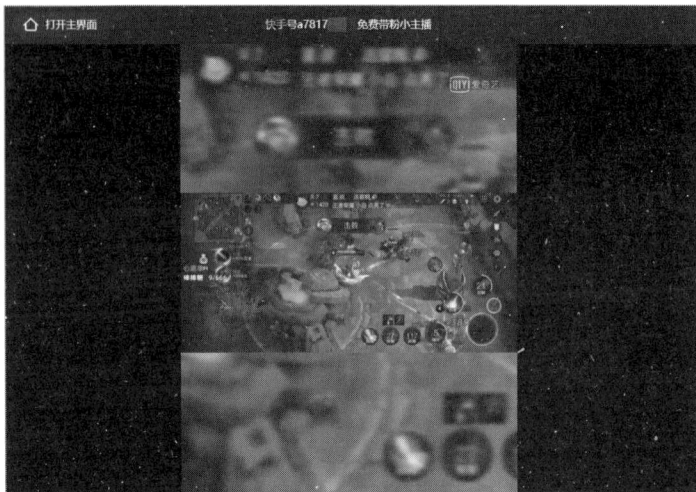

●图6-8　借力爱奇艺视频营销

借力营销能获得怎样的效果，关键在于借力对象的影响力。所以，在采用借力营销策略时，快手电商运营者应尽可能地选择影响力大，且包含大量目标用户的平台，而不能抱着广泛撒网的方式到处去借力。

这主要有两个方面的原因：首先，快手电商运营者的时间和精力是有限的，这种广泛借力的方式对于大多数快手电商运营者来说明显不适用。其次，盲目地借力，而不能将信息传递给目标消费者，结果很可能是花了大量时间和精力，却无法取得预期的效果。

078　内容营销：增强视频吸引力

内容营销是指依靠一些有内容的事物，比如图文、影音等来传播企业的文化和价值，吸引用户的注意力，从而达到增强视频吸引力，增加产品销量的目的。

值得注意的是，在借助内容营销吸引快手用户关注时，内容的选取非常关键。只有内容选对了方向，才能让营销获得最好的效果。图6-9所示为内容营销对选取内容的要求。

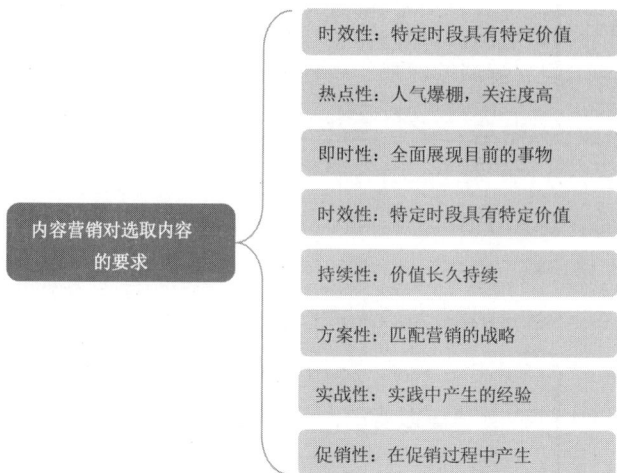

● 图6-9　内容营销对选取内容的要求

079　用户营销：满足用户的需求

用户营销，简单地理解就是以用户为中心，通过满足用户某方面的需求来进行营销推广。这种营销模式有利于爆品的打造，因为只有用户需要的产品，才有可能被市场广泛接受。

快手运营者在做用户运营时，可以参考亚马逊中国的成功经验。亚马逊中国作为知名的网上综合购物平台，其以用户需求为中心的营销理念得到了不少业界人士的赞赏，同时也培养了不少忠实的客户，形成了品牌影响力。

那么亚马逊中国究竟是怎么做的呢？其用户营销具体从哪些方面体现出来呢？下面将从产品和服务两个方面进行分析亚马逊中国的营销方法。

1. 产品策略

亚马逊中国的产品早先以音像制品为主，后来为了满足消费者的需求，开始将业务扩展到多个领域，如图书、母婴、电子配件、家居、美妆、办公等。

虽然亚马逊中国的产品种类越来越丰富，但它还是秉承"品质至上"的理念，做到"大而精"，保证产品都是正品，尽全力满足消费者的需求，而其网上独家销售也是吸引用户的一个重要原因。

2. 服务策略

亚马逊中国用户营销的成功，与其贴心的服务是分不开的。其服务包括物流服务、退换货服务以及支付服务。

以物流服务为例，对于网络购物而言，物流服务是消费者最重视的因素之一，亚马逊中国从消费者的角度出发，保证物流服务的周到，而且还不惜成本打造了"自建物流中心"，以提升用户的购物体验。

除此之外，亚马逊中国为了满足部分客户的特殊需求，提供优质的服务，特意在深圳、上海、广州、天津、苏州、佛山等8个城市进行了"加急配送"。

从亚马逊中国的例子可以看出，用户营销不仅要从用户角度思考问题，还要不惜代价地培养"铁杆粉丝"。

080　品牌营销：提高名气和销量

品牌营销是指企业通过向消费者传递品牌价值来得到消费者的认可和肯定，以达到维持稳定销量、获得良好口碑的目的。通常来说，品牌营销需要企业倾注很大的心血，因为打响品牌不是一件容易的事，市场上生产产品的企业和商家千千万万，能被消费者记住和青睐的却只有那么几家。

因此，如果企业想要通过品牌营销的方式来引爆产品，树立口碑，就应该从一点一滴做起，日积月累。只有这样才能齐抓名气和销量，赢得消费者的青睐和追捧。

品牌营销可以为产品打造一个深入人心的形象，然后让消费者对品牌下的产品趋之若鹜，成功打造爆品。品牌营销需要有相应的营销策略，如品牌个性、品牌传播、品牌销售和品牌管理，以便让品牌被消费者记住。

以丹麦的服装品牌ONLY为例，其品牌精神为前卫、个性十足、真实、自信等，很好地诠释了它的产品的风格所在。同时，ONLY利用自身的品牌优势在全球开设了多家店铺，获得了丰厚的利润，赢得了众多消费者的喜爱。ONLY的品牌营销是一步一步地从无到有摸索出来的，它也是依靠自己的努力慢慢找到品牌营销的窍门，从而打造出受人欢迎的爆品。

快手运营者在做品牌营销时，要学会掌握品牌营销的优势，逐个击破。那么，品牌营销的优势究竟有哪些呢？笔者将其总结为4点，具体如下。

（1）有利于满足消费者需求；

（2）有利于提升企业水平；

（3）有利于企业与其他对手竞争；

（4）有利于企业效率的提高。

品牌营销的优势不仅对企业有利，而且对爆品的打造也同样适用，总之一切都是为了满足消费者的需求。

081 跨界营销：增加产品覆盖面

跨界就是从大众熟知的领域中走出来，去开展其他领域的业务。跨界并不是不务正业，而是在原有业务的基础上，探索新的可能性，从而增加运营者旗下产品的整体覆盖面。

在如图6-10所示的视频中，对比亚迪生产口罩的相关信息进行了展示。我们都知道比亚迪是一个知名的汽车品牌。很显然，比亚迪生产口罩，就是在做跨界。而这种跨界行为只要进行适当的营销，就能获得很好的效果。

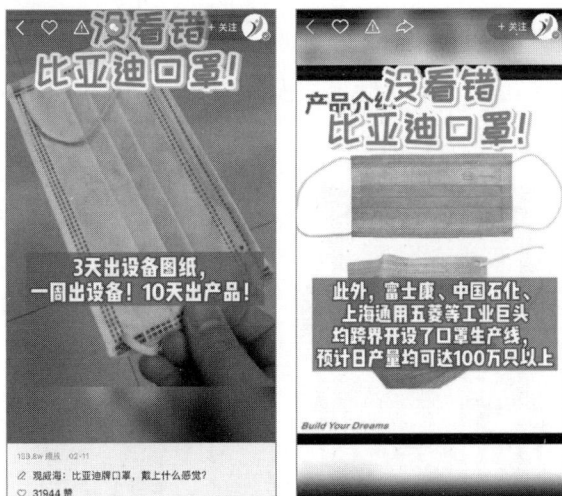

●图6-10　比亚迪的跨界营销

对于本来就有一定影响力的快手运营者来说，跨界营销可以说是一种拓展业务范围的有效方式。因为凭借其积累的影响力，许多快手用户对该快手运营者本身就比较信任了。这就好比李佳琦不卖口红，跨界去卖别的东西，甚至跨界去做其他事情，同样也会吸引无数粉丝的关注，因为他本身就拥有较强的影响力。

082 反向营销：反弹琵琶有奇效

反向营销即采取与常规方法相反的思路进行营销。这种营销方式有点反弹琵琶的意味，而且快手用户看惯了常规的营销行为之后，再看到反向营销行为时，会觉得比较新奇。

例如，大部分快手运营者在宣传产品时，会把重点放在产品的优势上，借此吸引快手用户购买产品。殊不知，快手用户在购买产品时，会有逆反心理。你说得越好，快手用户可能越不会买。

在这种情况下，我们不妨换一种思路，先传达负面信息，利用逆反和猎奇心理，把快手用户吸引过来，再进行营销。

如图6-11所示的快手视频中，封面上直接写了"女生千万别买"几个大字。许多快手用户看到这几个字之后就被吸引了过来。而在播放该视频时，才发现视频文案传达的意思是千万别买，因为太美了。这条视频乍看是说产品不好，实则却是在说产品太美了。再加上对反向营销的运用，所以很快便吸引了许多快手用户的关注。

● 图6-11 反向营销案例

第7章

高效获利：成为快手账号运营的大赢家

通过快手进行收益转化，掌握方法是关键。本章重点介绍快手高效收益转化的方法，让大家更好、更快地实现快手获利，成为快手账号运营的大赢家。

要点展示：

- ➤ 针对获利做好分析
- ➤ 给出一个购买理由
- ➤ 通过广告植入获利
- ➤ 通过视频内容获利
- ➤ 通过快手小店获利
- ➤ 通过知识付费获利
- ➤ 通过精准流量获利
- ➤ 通过直播礼物获利
- ➤ 通过直播卖货获利
- ➤ 通过实体店铺获利
- ➤ 通过品牌效应获利
- ➤ 复盘以提高获利成效
- ➤ 在获利之路上需要坚持

083 针对获利做好分析

在做快手变现时，快手运营者需要对变现的相关内容做好必要的分析。具体来说，需要做好以下3个方面的分析。

1. 是什么

快手运营者需要明确自己能够实现变现的东西是什么。只有明确了变现的产品或服务，才能针对性地进行营销和推广，进而在增强营销效果的同时，让自己的快手变现之路走得更加顺畅。

2. 为什么

快手账号在借助产品和服务变现时，需要思考快手用户为什么要购买你的产品和服务。是因为你的产品质量好，还是服务水平高，抑或是你的产品和服务具有稀缺性。不管如何，快手运营者需要站在快手用户的角度思考，什么样的产品和服务才是值得购买的。

3. 怎么样

要想实现变现，有一个问题一定绕不过，那就是怎样进行变现。快手变现的方法有很多，每种变现方法的效果都不尽相同，而快手运营者需要做的就是选择适合自己的变现方式。当然，快手运营者也不必把全部身心放在同一种变现方式上。因为在大多数情况下，同时使用多种快手变现方式也是不冲突的。

比如，同样是通过产品变现，快手运营者既可以通过视频购物车变现，也可以通过快手小店变现，还可以通过直播销售变现。

084 给出一个购买理由

随着各大电商平台的快速发展和快递网络的日益完善，网购成为许多人购物时的主要选择。虽然网购非常便利，但在网购的过程中也容易出现一些问题，比如，产品在运输过程中被损坏、实物与营销图片有差距、发货速度太慢等。

因此，人们在选择网购时会变得更加理性一些，如果你的产品和服务，尤其是实物类产品没有一个具有吸引力的点，人们可能就不会下单购买。而快手作为一个线上平台，快手运营者的变现行为也主要集中在线上。所以，快手运营者需要从产品和服务出发，给快手用户一个购买的理由。

当然，每种产品和服务可以给出的购买理由不尽相同，快手运营者需要做的就是根据产品的特性和快手用户的需求给出购买理由。例如，对于比较在意产品价格的快手用户，这个购买理由可以是"一件也是批发价"，如图7-1所示。而对于新鲜度比较重要的生鲜类产品，这个购买理由则可以是"原产地发货"，如图7-2所示。

● 图7-1 一件也是批发价

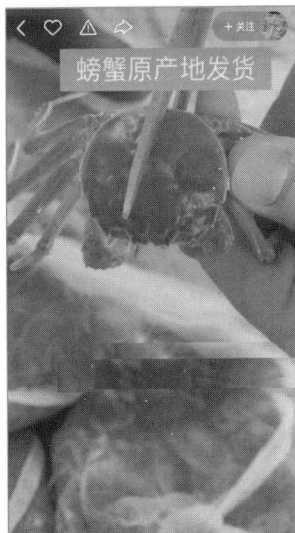

● 图7-2 原产地发货

085　通过广告植入获利

快手短视频之所以能够如此火爆，是因为它拥有强大的社交传播能力和广告带货能力。而快手这两个能力的大小，又是由自身的平台基因和用户的状态决定的，如用户在快手上是放松、随机和无意识的状态，这种情况下非常容易被动接受广告主的植入信息，快手运营者只需在视频中进行产品广告植入，便能获得不错的效果。通过广告植入获利，需要做好以下两个方面的工作。

1. 创意产品

快手运营者要想拍出一个具有广告带货能力的短视频，还得掌握一些拍摄技巧，将广告巧妙地植入，让用户愿意看完你的短视频内容。如果你的产品本身就很有趣味性和创意，或者自带话题性，则可以直接用快手视频来展示产品的神奇功能。

总的来说，如果你的产品已经做得很有创意并且功能新颖，可以方便随时做展示，那么则可以在快手上直接展示做营销推广。

这种营销方法非常适合一些电商商家，尤其是一些用法比较独特的商品，比如给厌食的宝宝做好玩饭团的工具、手机壳和自拍杆融为一体的"聚会神器"、会跳舞的太阳花等，都是由一个视频引发出的电商爆款，让产品成为热销品。

2. 放大优势

优势明显的产品，稍加推广，便能获得不错的变现效果。那么对于一些功能没有太多亮点的产品怎么办呢？快手运营者可以就产品的某个或某几个独有的特征，尝试用夸张的方式呈现，便于受众记忆。

例如，市面上新出了一个智能戒指，快手运营者为了宣传这个智能戒指的优势，利用短视频发布了一个视频——它支持iOS和安卓系统；使用钛合金打造；具有出色的防水功能；可以检测体质数据；使用蓝牙技术，随时与手机同步。

整个短视频的宣传都是以一种"夸张"的手法在表现，这个视频的目的就是想让人们觉得这个智能戒指很神奇，让观看视频的用户想要去了解这个智能戒指，并且让用户对其产品产生强烈的兴趣。

086　通过视频内容获利

2019年7月23日，快手在北京举办首届快手光合创作者大会，会上不仅深入分析了快手的业态发展状况，还计划在多个方面扶持优质内容创作者。这就意味着，快手优质内容获利将会提速。

说到底，流量只是平台的辅助，内容才是变现的核心。不管是在现实生活的人际交往，还是网上平台的社交中，只有满足了对方某方面的需求，才可以获得满意的社交结果。

以快手平台为例，只有知道快手用户想要在短视频中看到什么内容，了解了用户的需求，才可以制作出让快手用户喜欢的短视频，从而达到获利的目的。在视频生产过程中，快手运营者可以着重打造以下两方面的内容。

1. 知识干货

随着短视频行业的快速发展和行业的调整，在笔者看来，其他类型的短视频在受用户欢迎的程度上可能会发生大的变化，但是对用户来说具有必要性的干货类短视频内容不仅不会随之湮灭，还有可能会越来越受重视。

其实，相对于纯粹用于欣赏的短视频而言，干货类短视频有着更宽广的传播渠道，这也让知识干货内短视频的获利具有了更多的可能性。一般来说，凡是欣赏类的短视频可以推广和传播的途径，干货类短视频也可以推广和传播，但是有些干货类短视频可以推广和传播的途径，却不适用于欣赏类短视频推广和传播。

2. 热门内容

如果快手运营者想通过快手短视频吸引庞大的流量来获利，就应该紧跟潮流，有效地借助热点来打造话题，这样做的好处有两点，具体分析如下。

（1）话题性强：充满话题性的短视频更能打动人心，从而引起热烈讨论，扩大产品的传播范围。

（2）能上热搜：当下热点可以帮助短视频上热搜，视频上了热门之后，快手用户的搜索就能为视频带来巨大的流量。

而且，热点还包括不同的类型，涵盖了社会生活的方方面面。比如，社会上发生的具有影响力的事件，或者是富有意义的节日、比赛等，还有一些娱乐新闻或者电影、电视剧的发布也是热点的一部分。

087　通过快手小店获利

快手运营者可以开设自己的快手小店，然后将相关商品都添加至小店中。只要快手小店中的商品销售出去了，快手运营者便可以获得收益。那么如何通过快手小店购买商品呢? 接下来进行简单的说明。

快手用户在查看某条快手视频时，点击右上方的账号头像，如图7-3所示。操作完成后，即可进入该账号的主页界面。如果该账号开设了快手小店，主页界面中就会显示"×××的小店"，如图7-4所示。

● 图7-3　点击账号头像

● 图7-4　快手主页界面

快手用户只需点击"×××的小店"按钮，即可进入"快手小店"界面，如图7-5所示。在该界面中点击对应的商品，即可进入商品详情界面，如图7-6所示。快手用户点击"立即购买"按钮，并选择购买信息，支付对应的金额即可完成下单。

● 图7-5　快手小店界面

● 图7-6　商品详情界面

088　通过知识付费获利

随着经济的发展和法律的不断完善，以及人们版权意识的提高。中国开始进入全民知识付费时代，在这种形势下，许多快手运营者开始通过快手销售课程进行获利。

加之当代年轻人生活节奏快，生活压力大，工作繁忙，很难抽出身学习，没有空去报培训班，更加没有空按时按点去听课。但是，在这个飞速发展的时代里，如果年轻人不学习和积累知识，就跟不上潮流，会被时代所抛弃。因此，线上学习开始成为他们的常态。

如图7-7所示，在某快手号的主页中有一个"×××的精选专区"按钮，快手用户只需点击该按钮，即可进入"他的精选"界面，该界面中会列出该账号推出的一些教程。快手用户点击某个教程进入，即可了解该教程的内容，有需要的还可以直接购买教程进行学习。而快手用户购买了教程之后，该快手号便直接实现了获利。

但是，卖课不是人人都能做的，它有一定的门槛。对于一个想通过销售快手课程获利的运营者来说，首先就是做好整体规划，确定具体做哪一类课程、课程讲哪些内容、课程采用哪种风格等。除此之外，快手运营者要想通过销售课程获利，还需要具备以下3种能力。

（1）作为一个要卖课的快手运营者，首先要会讲课，会把深奥的内容讲得通俗易懂，把枯燥无味的内容讲得生动风趣。

（2）运营团队要在某个领域很擅长，甚至是其中的翘楚，要让用户买完课程后觉得钱花得值，成为回头客和粉丝。

（3）快手运营者最好要有一定的名声，除了本身可以带动一部分流量，还能让用户慕名而来。

● 图7-7　快手某个卖教程的账号

089　通过精准流量获利

粉丝认为你的内容对他有价值，就愿意为内容付费，因此精准流量在获利过程中不可或缺。"快手+微信"就是线上精准流量获利的最佳方式，用户可以将自己的快手粉丝引流至个人微信号、微信公众号、微信小店、微信商城以及微信小程序等渠道，更好地让流量快速获利，如图7-8所示。

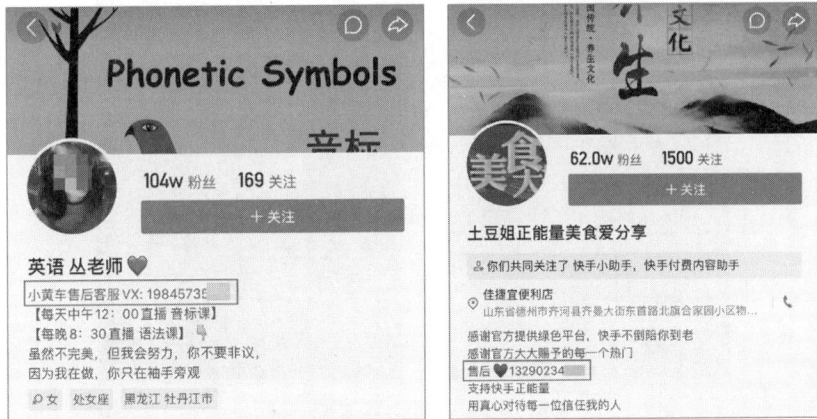

• 图7-8　某些快手达人的个人简介界面

090　通过直播礼物获利

在快手上，不乏有专业团队包装和运营的职业主播，也有不少跃跃欲试、缺少经验的快手运营者。那么对于这些直播新玩家而言，他们又通过哪些方式在这个竞争激烈的行业占有一席之地，更好地实现获利呢？

在快手中，只要直播做得好，哪怕不销售产品，快手运营者也能实现获利。这是因为当快手用户看到精彩的直播内容时，会通过送礼物的方式来表达支持。而在收到礼物之后，快手运营者又可以按照一定比例进行提现，实现获利。

图7-9所示为两个快手游戏直播的相关画面，可以看到其中有一些快手用户送出了礼物。主播收到礼物之后，便相当于获得直播收益了。

● 图7-9　快手游戏直播画面

　　大多数短视频平台的礼物都需要花钱购买，快手却有一些不同。快手用户可以根据在线查看直播的时间，点击直播间的百宝箱，在"每日百宝箱"对话框中领取对应的快币。领取快币之后，快手用户还可以将快币兑换成猫粮，作为礼物送给主播，从而提高直播间的热度。

091　通过直播卖货获利

　　快手运营者可以在直播间插入一些商品，通过直播卖货来获取收益。通常来说，插入了商品的直播间下方都会出现 🛒 按钮，如图7-10所示。快手用户只需点击该按钮，直播界面中会弹出出售的商品，如果快手用户需要购买某件商品，只需点击该商品后面的"去看看"按钮即可，如图7-11所示。

　　进入商品详情界面，点击商品详情界面中的"立即购买"按钮，并选择商品的购买数量等信息，如图7-12所示。

　　进入确认订单界面，快手用户只需点击确认订单界面中的"提交订单"按钮，并支付对应的金额，即可完成商品下单，如图7-13所示。快手用户下单之后，快手运营者便可以借助商品的销售，获得对应的收益。

• 图7-10　插入了商品的直播间

• 图7-11　弹出出售的商品

• 图7-12　商品详情界面

• 图7-13　确认订单界面

092　通过实体店铺获利

随着越来越多短视频平台的横空出世，短视频的花样也变得越来越多，本来是以娱乐为主的短视频软件，也成为一种营销工具。

借助快手平台，快手运营者不仅能够在线上销售线上的产品和服务实现获利，也能借助快手平台，将流量引至实体店中，实现线下获利。图7-14所示为某快手账号在视频信息流界面标出实体店地点，通过为线下导流进行获利。

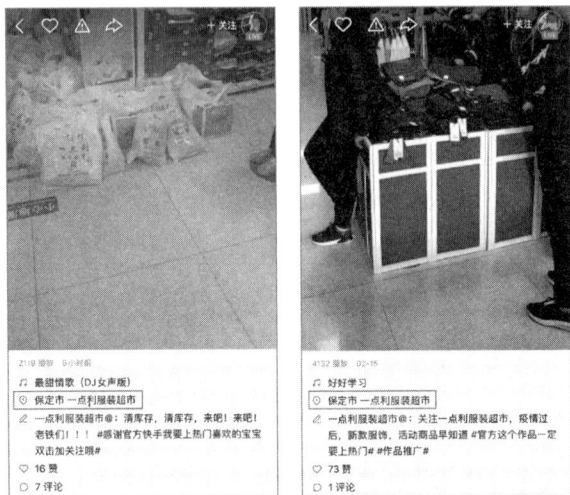

• 图7-14　某快手账号为线下导流

093　通过品牌效应获利

品牌主能够借助火爆的短视频吸引粉丝，达到流量与价值的双重转化。超级IP和品牌通过短视频进行紧密结合，是快手转化的一种重要方法。

1. 快手和超级IP的共性

快手可以为品牌带来大量的流量，同样的品牌也具备这个能力。在互联网中创业，流量是最重要的"武器"，没有流量就难以赢得市场，没有消费者就不会有收益。可以说现在就是一个"粉丝时代"，拥有流量的品牌或IP才能真正做好、做大。

2. 做好品牌定位

根据快手的基础用户画像报告显示，快手用户的男女比例基本持平，年龄大部分在35岁以下，整体学历不高，而且大部分用户来自二线城市以下，更多的是三四线城市的人群。

由此可见，快手用户群体存在明显的圈层。因此，品牌如果想要扩散到更广泛的人群，必须做好品牌定位，根据定位打造用户需要的内容。

094 复盘以提高获利成效

复盘是获利过程中必须要做的一件事，因为在获利的过程中可能会出现各种问题，而复盘则可以发现问题，并据此寻找解决问题的方法，从而提高获利的成效。

许多快手运营者在做复盘时，可能会因为自己身在其中而找不到问题的所在。此时，便可以参考身为旁观者的快手用户的意见。

例如，某位快手运营者在短视频中表示，老婆直播很累，一场直播换了几十套衣服，但是买的人却很少。而许多快手用户在看到该视频之后在评论区纷纷说出了自己的想法，如图7-15所示。

• 图7-15　快手用户的评论

其实，这其中大部分快手用户的意见还是比较中肯的，也说到了该快手运营者直播卖货效果不佳的原因。如果该快手运营者根据快手用户的意见进行调整，让自己销售的产品更适合快手用户的心意，那么变现的成效自然会得到提高。

095　在获利之路上需要坚持

做什么事都不可能一蹴而就，快手转化也是如此。刚做快手运营时，很难获得比较理想的转化效果。这主要是因为此时粉丝数量比较少，发布的内容比较难获得快手用户的广泛关注。

如图7-16所示，某个视频发布了几天之后，播放量仅为1 000多，而点赞和评论更是仅为两位数；某位快手运营者在直播卖货时，看直播的只有18个人。在这种情况下，又怎么可能取得理想的转化效果呢？

● 图7-16　快手用户关注度较低的视频和直播

其实，刚做快手时，粉丝数比较少是很正常的。只要快手运营者的获利方向没有错，用于获利的产品和服务也是物有所值，那么就会有越来越多的快手用户成为你的粉丝。因此，在这种情况下，只要坚持下来，获利之路也会逐渐变得通畅起来。快手运营者不能因为短时间获利效果不佳，就直接选择放弃。

第8章

建号养号：快速打造
高权重的抖音号

要想快速打造高权重的抖音号，就必须做好建号和养号。那么，具体如何操作呢？我们可以从账号定位、账号信息设置、自主提高账号权重和避免账号降权这几个方面进行考虑。

要点展示：
- ➤ 行业定位
- ➤ 内容定位
- ➤ 产品定位
- ➤ 用户定位
- ➤ 人设定位
- ➤ 账号注册
- ➤ 账号取名
- ➤ 头像设置
- ➤ 简介填写
- ➤ 头图设置
- ➤ 其他信息填写
- ➤ 提高账号权重的动作
- ➤ 避免账号降权的行为

096 行业定位

行业定位就是确定账号分享内容的行业和领域。通常来说，抖音运营者在做行业定位时，只需选择自己擅长的领域即可。当然，有时候某个行业包含的内容比较广泛，且抖音上做该行业内容的抖音号已经比较多了。此时，抖音运营者可以通过对行业进行细分，侧重从某个细分领域打造账号内容。

比如，化妆行业包含的内容比较多，这时我们可以通过领域细分进行重点突破。比较具有代表性的当属李佳琦了，这位号称"口红一哥"的美妆博主便是通过分享口红相关的内容，来吸引对口红感兴趣人群的关注的。

又如，摄影包含的内容比较多，但现在越来越多的人开始直接用手机拍摄视频，而且这其中义有许多人对摄影构图比较感兴趣。因此，抖音号"手机摄影构图大全"针对这一点专门深挖手机摄影构图，如图8-1所示。

●图8-1 手机摄影构图大全的行业定位

097 内容定位

抖音内容定位就是确定账号的内容方向，并据此进行内容的生产。通常来说，抖音运营者在做内容定位时，只需结合账号定位确定需要发布的内容即可。例如，抖音号"手机摄影构图大全"的账号定位是做一个手机摄影构图类账号，所以该账号发布的内容以手机摄影构图视频为主。

抖音运营者确定了账号的内容方向之后，即可根据该方向进行内容的生产。当然，在抖音运营过程中，内容生产也是有技巧的。具体来说，抖音运营者在生产内容时，可以运用以下技巧，轻松打造持续性的优质内容，如图8-2所示。

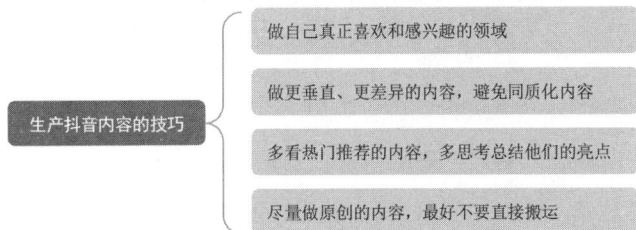

生产抖音内容的技巧

- 做自己真正喜欢和感兴趣的领域
- 做更垂直、更差异的内容，避免同质化内容
- 多看热门推荐的内容，多思考总结他们的亮点
- 尽量做原创的内容，最好不要直接搬运

● 图8-2 生产抖音内容的技巧

098 产品定位

大部分抖音运营者之所以要做抖音运营，就是希望能够借此获利，获得一定的收益。而产品销售又是比较重要的一种获利方式，因此，选择合适的获利产品，进行产品的定位就显得尤为重要。

那么如何进行产品定位呢？在笔者看来，根据抖音运营者自身的情况，产品定位可以分为两种。一种是根据自身拥有的产品进行定位，另一种是根据自身业务范围进行定位。

根据自身拥有的产品进行定位很好理解，就是看自己有哪些产品是可以销售的，然后将这些产品作为销售的对象进行营销。例如，某位抖音运营者自身拥有多种水果，于是他将账号定位为水果销售类账号。他不仅将账号命名为"××水果"，而且还通过视频重点进行水果的展示，并为抖音用户提供了购买的链接，如图8-3所示。

●图8-3　某水果店铺运营者的产品定位

根据自身业务范围进行定位，就是在自身的业务范围内发布视频内容，然后，根据内容插入对应的商品链接。这种定位方式比较适合于自身没有产品的抖音运营者，这部分运营者只需根据视频内容添加商品，就可以借助该商品的链接获得佣金收入。

例如，某个以水果拼盘制作的抖音号发布的视频内容，主要就是水果拼盘的制作，而该账号的运营者自身没有可以直接销售的商品的。于是，该账号的运营者通过在视频中添加他人店铺中的水果去皮刀和削皮刀来获取佣金收入。

099　用户定位

在抖音号的运营中，如果能够明确用户群体，做好用户定位，并针对主要的用户群体进行营销，那么，抖音号生产的内容将更具有针对性，从而对主要用户群体产生更强的吸引力。

在做用户定位时，抖音运营者可以从性别、年龄、地域分布和星座分布等方面分析目标用户，了解抖音的用户画像和人气特征，并在此基础上更好地做出针对性的运营策略和精准营销。

（1）性别：可以分析这个账号的粉丝是男性多，还是女性多。如果你销售的产品的主要消费群体为女性，但是账号中的粉丝却是男性偏多，那你可能需要有意识地多打造一些吸引女性的内容。

（2）年龄：可以分析这个账号中粉丝的各年龄段的占比情况，了解粉丝主要集中在哪个年龄段，然后重点生产受这个年龄段粉丝欢迎的内容，增强粉丝的黏性。

（3）地域分布：可以明确粉丝主要集中于哪些地区，然后，结合这些地区的文化，生产粉丝们更喜欢的内容。

（4）星座分布：可以了解哪些星座的粉丝比较多，而每个星座通常又有一定的个性特色。运营者可以根据其个性特色，打造更符合粉丝脾性的内容。

在了解用户画像情况时，我们可以适当地借助一些分析软件。例如，我们可以通过以下步骤，在飞瓜数据微信小程序中进行了解。

步骤01　在微信的"发现"界面中搜索"飞瓜数据"，点击搜索结果中的"飞瓜数据"，进入飞瓜数据小程序首页界面，如图8-4所示。在界面搜索栏中输入抖音号的名字。这里以搜索"李佳琦"为例进行说明。

步骤02　搜索完成后，进入搜索结果界面。在该界面中选择对应的抖音号，如图8-5所示。

●图8-4　飞瓜数据小程序首页

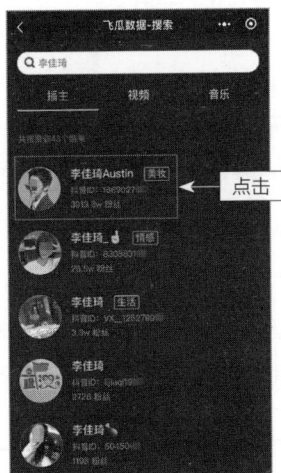

●图8-5　选择对应的抖音号

步骤**03** 即可进入如图8-6所示的"飞瓜数据-播主详情"界面，了解该抖音号的相关情况。

步骤**04** 抖音运营者向上滑动页面，即可在"粉丝画像"版块中看到"性别年龄分布情况"，如图8-7所示。除了性别年龄分布之外，还可点击查看地域分布和星座分布的相关情况。

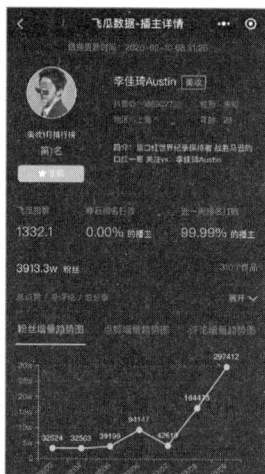

●图8-6 飞瓜数据小程序首页

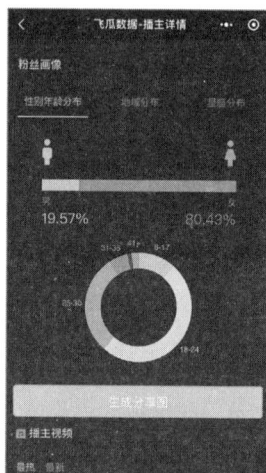

●图8-7 性别年龄分布情况

100 人设定位

人设，是人物设定的简称。所谓人物设定就是抖音运营者通过视频打造的人物形象和个性特征。通常来说，成功的人设能在抖音用户心中留下深刻的印象，让抖音用户能够通过某个，或者某几个标签，快速想到该抖音号。

例如，说到"反串""一人分饰两角"，这两个标签，大多数抖音用户可能首先想到的就是多余和毛毛姐这个抖音号。这主要是因为这个抖音号的视频中都会出现一个披肩红色长发的"女性"，而这位"女性"又是由一个男性扮演的。也就是说这个人物是反串的。

除此之外，多余和毛毛姐发布的抖音视频中，有时候还会出现一个男性形象。而这位男性又是披肩红色长发的女性形象的扮演者。也就是说，这位男性直接一人分饰了两角。再加上多余和毛毛姐发布的抖音视频内容，很贴合生活，而且其中人物的表达又比较幽默搞笑，因此，该账号发布的内容，通常会快速吸引大量抖音用户。

人物设定的关键就在于为视频中的人物贴上标签。那么如何才能快速为视频中的人物贴上标签呢？其中一种比较有效的方式就是发布相关视频，呈现人物符合标签特征的一面。

例如，浪胃仙为了凸显自身"大胃王"这个标签，经常会发布一些去各个店铺中吃东西的抖音视频。而且视频中的她明明已经吃了很多，看上去却像是还没有吃饱似的，如图8-8所示。看到这种视频之后，许多抖音用户会不禁惊呼：不愧是大胃王！而这样一来，浪胃仙的人物标签便树立起来了。

● 图8-8　浪胃仙发布的抖音短视频

101　账号注册

抖音无须进行复杂的账号注册操作，我们只需用手机号或微信等账号直接登录即可。具体来说，可以通过以下操作登录抖音短视频平台。

步骤01　进入抖音短视频App之后，点击"推荐"界面中的"我"按钮，如图8-9所示。

步骤**02**　进入账号登录界面，如图8-10所示。点击"本机号码一键登录"按钮，用手机号登录抖音。除了手机号码登录之外，还可以通过其他方式登录抖音号。

● 图8-9　点击"我"按钮

● 图8-10　账号登录界面

步骤**03**　如果点击"其他方式登录"按钮，会弹出其他账号登录抖音号选项，如图8-11所示。例如，点击 ● 按钮，即可进入微信登录确认界面，如图8-12所示。点击界面中的"同意"按钮，即可用该微信号登录抖音。

● 图8-11　弹出其他账号登录选项

● 图8-12　微信登录确认界面

102 账号取名

抖音的昵称（抖音账号名称）需要有特点，而且最好和定位相关。抖音号修改昵称也非常方便，具体操作步骤如下。

步骤01 登录抖音短视频App，进入"我"界面，点击界面中的"编辑资料"按钮，如图8-13所示。

步骤02 进入"编辑个人资料"界面，选择"名字"选项，如图8-14所示。

● 图8-13 点击"编辑资料"按钮

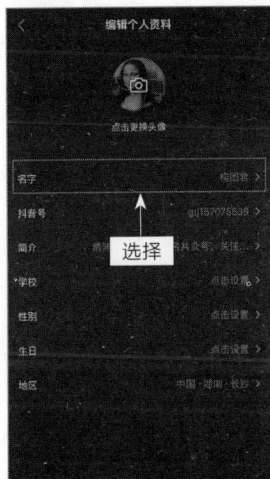

● 图8-14 选择"名字"选项

步骤03 进入"修改名字"界面，在"我的名字"文本框中❶输入新的昵称；❷点击"保存"按钮保存，如图8-15所示。

步骤04 返回"我"界面，可以看到修改后的账号名称，如图8-16所示。

在设置抖音名字时有两个基本的技巧，具体如下。

（1）名字不能太长，最好控制在10个字以内。

（2）最好能体现人设感，即看见名字就能联系到人设。人设是指人物设定，包括姓名、年龄、身高等人物的基本设定，以及企业、职位和成就等背景设定。

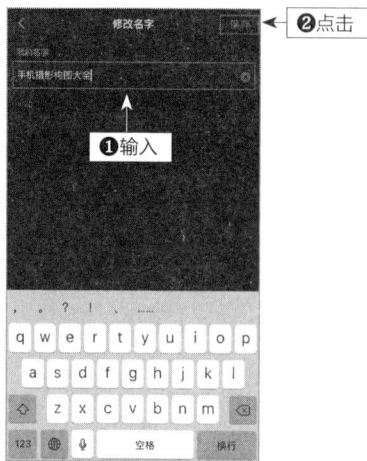

• 图8-15 "修改名字"界面

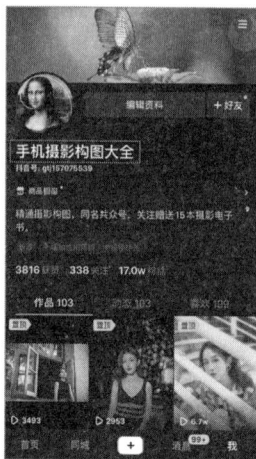

• 图8-16 完成昵称的修改

103 头像设置

抖音账号的头像也需要有特点，必须展现自己最美的一面，或者展现企业的良好形象。抖音运营者可以在抖音"我"界面中，通过以下步骤修改头像。

步骤01 进入抖音短视频App的"我"界面，点击界面中的抖音头像，如图8-17所示。

步骤02 进入头像展示界面，点击下方的"更换"按钮，如图8-18所示。

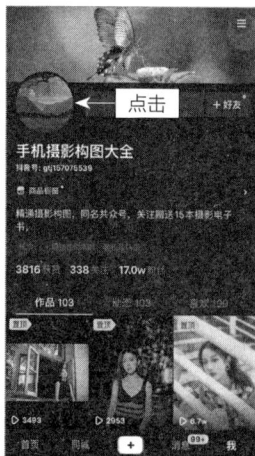

• 图8-17 点击抖音头像

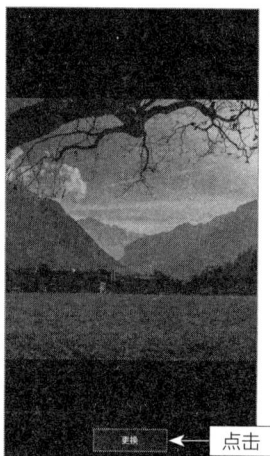

• 图8-18 点击"更换"按钮

步骤**03** 弹出头像修改方式列表框，如图8-19所示。用户可以通过"拍一张"或"相册选择"的方式。这里以"相册选择"为例进行说明。

步骤**04** 选择"相册选择"选项之后，从相册中选择需要作为头像的图片，如图8-20所示。

步骤**05** 进入图片裁剪页面，对图片进行裁剪之后，点击下方的"确定"按钮，如图8-21所示。

步骤**06** 返回"我"界面，同时头像修改完成，如图8-22所示。

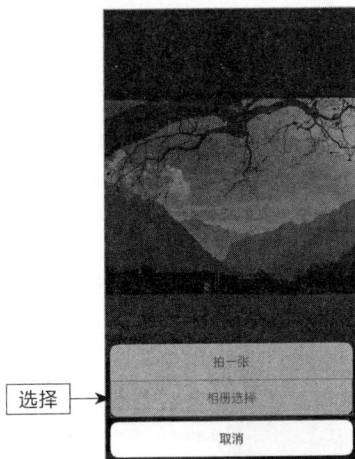

● 图8-19 选择"相册选择"选项

● 图8-20 选择需要作为头像的图片

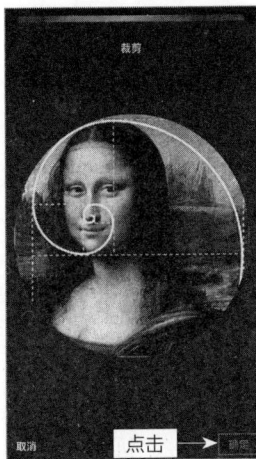

● 图8-21 点击"确定"按钮

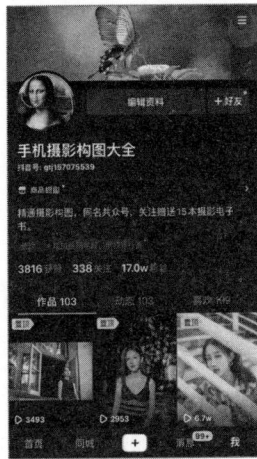

● 图8-22 完成头像修改

104 简介填写

抖音的账号简介通常是简单明了，一句话解决，主要原则是"描述账号+引导关注"，基本设置技巧如下：

● 前半句描述账号特点或功能，后半句引导关注，一定要明确出现关键词"关注"，如图8-23所示。

● 账号简介可以用多行文字，但一定要在多行文字的视觉中心出现"关注"两个字。

● 图8-23　在简介中引导关注

105 头图设置

账号头图就是抖音主页界面最上方的图片。部分抖音运营者认为头图设不设置无所谓。其实不然。如图8-24所示为一个没有设置头图的抖音号主页。看到这张图片之后你有什么感觉呢？笔者的感觉是，这个主页好像缺了什么东西。而且运营者就连头图也不设置，像是没怎么用心在运营。

其实，即便是随意换一张图片，感觉也比直接用抖音号的默认图片要好得多。不仅如此，头图本身也是一个很好的宣传场所。

● 图8-24　只有抖音默认头图的抖音号

例如，我们可以设置带有引导关注类文字的头图，提高账号的吸粉能力；又如，抖音运营者还可以在头图中展示自身的业务范围，让抖音用户一看就知道你是做什么的。这样当抖音用户有相关需求时，便会将你作为重要的选择项。

那么，如何更换抖音头图呢？下面简单介绍具体的操作步骤。

步骤❶　进入抖音短视频App的"我"界面，点击界面上方头图所在的位置，如图8-25所示。

步骤❷　进入如图8-26所示的头图展示界面，点击界面下方的"更换"按钮。

● 图8-25　点击头图所在的位置

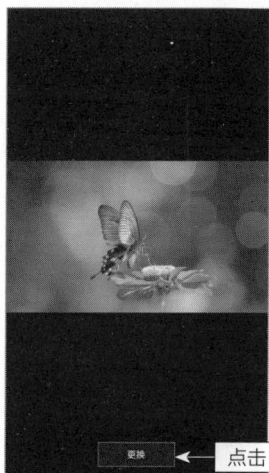

● 图8-26　点击"更换"按钮

步骤**03** 弹出头图修改方式对话框，如图8-27所示。大家可以通过"拍摄"或"相册选择"的方式进行头图的修改。这里以"相册选择"为例进行说明。

步骤**04** 选择"相册选择"选项后，从相册中选择需要作为头图的图片，如图8-28所示。

步骤**05** 操作完成后，进入"裁剪"界面，如图8-29所示。在该界面中可以裁剪和预览头图展示效果。裁剪完成后，点击下方的"确定"按钮。

步骤**06** 返回"我"界面，如果头图完成了更换，就说明头图修改成功了，如图8-30所示。

● 图8-27 点击头图所在的位置

● 图8-28 点击"更换"按钮

● 图8-29 "裁剪"界面

● 图8-30 头图修改成功

106 其他信息填写

除了名字、头像、简介和头图之外，抖音账号运营者还可以对学校、性别、生日和地区等账号信息进行设置。这些资料只需进入"编辑个人资料"界面便可以直接进行修改。

在这4类账号信息中，学校和地区相对来说要重要一些。学校的设置，特别是与账号定位一致的学校信息设置，能让抖音用户觉得账号运营者更加专业，从而提高账号内容对抖音用户的吸引力。而地区的设置，则能更好地吸引同城抖音用户的关注，从而提高账号运营者旗下实体店的流量。以设置学校为例，具体操作步骤如下。

步骤**01** 点击"学校"后面的"点击设置"按钮，如图8-31所示。

步骤**02** 进入"添加学校"界面，如图8-32所示。在该界面中，抖音运营者可以对学校、院系、入学时间、学历和展示范围进行设置。

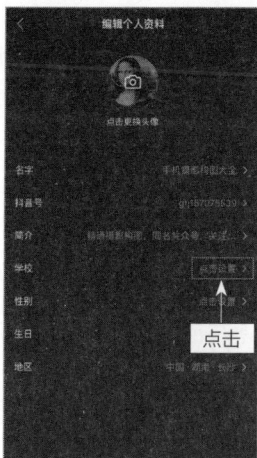

● 图8-31　点击"点击设置"按钮　　● 图8-32　"添加学校"界面

信息设置完成后，❶点击界面上方的"保存"按钮。弹出学校信息修改提示框，如图8-33所示。抖音用户如果❷点击对话框中的"提交"按钮，将自动返回"编辑个人资料"界面。如果此时学校后面出现了相关信息，就说明学校信息设置成功了，如图8-34所示。

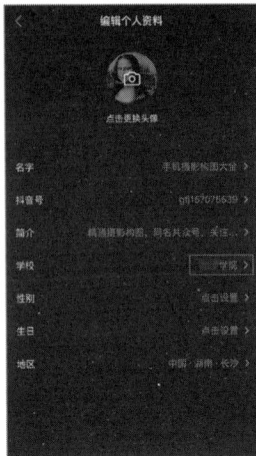

● 图8-33　弹出学校信息修改提示框　　● 图8-34　学校信息修改成功

107　提高账号权重的动作

抖音号运营过程中，需要通过养号来提高账号的权重，从而让账号获得更多的流量。那么，如何提高账号的权重呢？大家可以做好以下5个动作。

1. 用流量登录几次

用流量登录几次这个动作是必须要做的。如果你的手机连了Wi-Fi，你可以在养号阶段适当断掉Wi-Fi连接，用手机流量刷一下抖音视频。

2. 刷首页推荐同领域内容

刷首页推荐，找到同领域的内容也是一种有效的加权动作。有的人说看不见同领域的内容怎么办？比如，我做的是非常偏门的一个领域，这个领域不一定能得到首页推荐的内容，那么你可以搜索，搜索这个领域的关键词即可。

比如，做家纺的，可以搜索家纺、被罩、窗帘、被单、枕头等关键词。通过搜索关键词，找到相关的内容，然后点击进去观看即可。

3. 翻一翻抖音的热搜榜单

翻一翻抖音的热搜榜单也可以达到账号加权的目的。例如，在抖音的搜索界面中有一个"猜你想搜"版块，该版块会显示一些抖音用户近期经常搜索的内容。翻看该内容，我们可以了解广大抖音用户感兴趣的内容主要有哪些，然后通过将这些内容和自身定位的结合，打造更能吸引粉丝的抖音视频。

4. 让系统记住你的位置和领域

刷同城推荐，让系统记住你的位置和领域可以让你的账号加权。养号阶段刷同城推荐内容很有必要。系统会通过你刷同城推荐获得你的真实位置，从而判断你的账号并非是在用虚拟机器人进行操作。

同城上面要刷一刷，哪怕同城上没有同领域的内容，你也要刷一刷，看一看。这个是让系统能够记住你真实的位置，避免误判你是一个虚拟机器人的一个操作。因为机器人操作，系统是严格打击的，这样做就能有效地避免系统误判。

进入抖音App之后，只需点击"同城"，即可进入"同城"界面。"同城"界面的上方通常都会出现同城直播，向上滑动页面，还可以看到许多同城的抖音短视频。另外，系统会根据你所在的位置，自动进行定位。如果定位不正确，或者需要将地点设置为其他城市，可以点击"切换"进行选择，让系统记住你的位置。

5. 维持正常的使用频率

维持抖音正常的使用频率，能够让系统明白你的账号是正常运营的。而对于正常运营的活跃账号，抖音官方自然是会进行鼓励的。当然，使用抖音也应该有节制，如果每天的使用时间过长。比如，一天刷抖音超过了12小时，那么，系统可能也会将账号断定为非正常运营。

108 避免账号降权的行为

在抖音运营的过程中，有一些行为可能会受到降权的处罚。因此，在运营过程中，特别是养号期间，一定要尽可能地避免。下面介绍可能会让抖音号降权的5种行为。

1. 频繁更改账号信息

养号阶段最好不要频繁地更改账号的相关信息。因为这样做不但可能让你的账号被系统判断为非正常运营，而且如果你修改信息之后，由人工进行审核还会增加抖音相关人员的工作量。

当然，一些特殊情况修改账号信息还是有必要的。如注册账号时，为了通过审核，必须要对账号的相关信息进行修改；又如，系统消息告知你的账号信息中存在违规信息，那么，为了账号能够正常运营，有必要根据相关要求进行相应的修改。

2. 同一Wi-Fi登录多个账号

如果你用同一Wi-Fi登录多个账号，那么，系统很可能会认为你同时在运营几个抖音号，甚至会认为你是在用虚拟机器人运营账号。这很可能会被判定为运营异常而受到降权处罚。

3. 养号期间随意发视频

养号期间抖音会重新审视你的账号权重，此时，最好不要随意发视频。因为如果你发的视频各项数据都不高，那么，抖音就会认为你的视频质量比较差，从而对你的账号进行降权处理。

4. 同一手机注册多个抖音号

在抖音运营的过程中，最好是一机一卡一号（就是一个手机中只有一张手机卡，这张手机卡只运营一个抖音号）。如果你用同一个手机注册多个抖音号，那么，系统极有可能会判定你在用虚拟机器人同时运营多个账号。

5. 频繁地重复同一行为

有的运营者想要提高账号的活跃度，又不想花太多时间，于是选择频繁地重复某一行为。比如，有的运营者对他人的视频进行评论时，都是写"真有意思！"需要注意的是，当你重复用这句话评论几十次之后，系统很有可能会认为你的账号是用机器人在进行操作。

6. 频繁登录退出账号

大多数人打开抖音之后，即便因为某些事情暂时不用了，也不会退出之后马上又登录。因此，如果你频繁地登录又退出账号，那么，系统自然而然地就会认为你是用虚拟机器人在进行操作。

第9章

企业账号：蓝V认证
为抖音运营增益

对于企业来说，蓝V企业号可以说是运营抖音的一种必然选择。通过蓝V的认证，不仅可以得到抖音官方的认可，而且还能解锁更多企业营销的玩法，让账号的运营获得增益。

要点展示：

- ➤ 为什么要做蓝V企业号
- ➤ 蓝V企业号的现状及发展趋势
- ➤ 蓝V企业号让营销更加落地
- ➤ 认证蓝V企业号需准备的资料
- ➤ 认证蓝V企业号的具体步骤
- ➤ 如何设置蓝V企业号的昵称
- ➤ 认证后的5种独特外显特权
- ➤ 认证后的5种营销转化特权

- ➤ 认证后的5种客户管理特权
- ➤ 认证后的5种数据沉淀特权
- ➤ 5种蓝V企业号的常见玩法
- ➤ 企业号的运营应配备专业团队
- ➤ 把控住企业号视频发布的节奏
- ➤ 企业号的内容策划更应注意细节
- ➤ 企业号运营中品牌人设的塑造

109 为什么要做蓝V企业号

如今，抖音平台的内容涉及吃、穿、住、行等，强势覆盖用户生活的方方面面。"抖音+各大品牌"的跨界合作，势必在短视频营销领域掀起浪潮。

抖音更是重磅推出了"企业认证"功能，这一重大举措无疑为平台的生态赋予了更强大的能量。具体来说，抖音"企业认证"是抖音针对企业诉求提供的"内容+营销"平台，为企业提供免费的内容分发和商业营销服务。

现如今，在抖音上存在的企业号，很少有头像上不带"V"字样的了。而且通过认证的企业号，还可以在彰显企业身份、获得权威信用背书的同时，打入上亿用户的心智，种下潜在"N次传播"的种子，赢下短视频营销的未来。

为什么各大品牌主纷纷进行抖音运营？好玩、有趣、能看上瘾，"抖音范"的趣味广告已成为品牌主眼中的宠儿。本节将深入分析抖音企业号的四大核心价值，帮助各大企业抓住抖音的流量红利。

1. 迎合时代的诉求

抖音之所以能火起来，除了其本身产品的运营和推广做得不错以外，也恰好迎合了当今碎片化时代的传播诉求。

经过近十年发展，社会化营销的基本套路早已被品牌和广告公司深刻领悟。但是，除了创意是营销中的永恒难题之外，流量越来越贵、用户越来越难获取成为营销难题。对于品牌而言，年轻化、社交化的用户营销平台的选择非常重要，抖音这两年来的表现无疑让人眼前一亮。

抖音目前正是一个巨大的流量洼地，并且抖音用户目标的高度集中性使其有了制造爆款的能力。随着用户的高速增长，"日刷抖音300条"产生了一大波的流量红利。在抖音还未开启商业合作之时，就已经有很多的产品因抖音视频而偶然爆红。对于企业而言，越早介入越能享受平台高速发展期所带来的一系列红利。

2. 品牌的高曝光率

抖音的用户增长速度很快且日活跃度非常高，平均每位用户的在线时长可达1个小时以上，这样品牌就能获得更高的曝光率。

一个品牌做抖音营销，最关键的是要提高品牌的曝光度。但是，除非是与抖音官方合作拍摄广告，或者认证的企业"蓝V"，否则你自带的品牌广告很容易被限流和屏蔽。因此，企业在进行品牌植入时，一定要根据视频内容，进行巧妙的曝光。

企业创作短视频虽成本低、宣传效果好、转化率高，但是一切的前提都建立在优质的短视频内容上。可以说在短视频时代，内容才是王道。优质的内容离不开巧妙的创意，以及精准的用户画像、明确的企业定位。

企业创作短视频时，一定要注意以下几点。

（1）趣味且实用，拒绝低俗的模仿：品牌创造内容需要有趣、有创意，带有自身识别度，清晰展示自身品牌定位，这一点需要企业结合自身产品定位，创造优质个性内容。这也是在短视频平台上比较容易传播的内容，比如用自身产品进行实物展示、开发新功能、创意植入等。

（2）巧妙结合热点，拒绝跟风无底线：热点话题、热门内容等可以提升流量，但是对于有别于一般用户的官方企业号来说，需要将热点与自身品牌特征相结合，不能盲目跟风。

3. 强话题性和互动性

抖音目前已成功捧火了奶茶、火锅、城市旅游景点等众多领域内的品牌，具有很强的话题性和互动性。对于品牌而言，只要可以植入自家产品形象，营销本身的推广形式其实没有什么局限。而抖音作为继微信公众号、微博之后的一个新的企业营销展示平台，品牌自然也十分乐意进行新渠道的尝试。

例如，唯品会曾在抖音上发起"#挑战有意思#"挑战赛，配合唯品会专属抖音贴纸和洗脑的"挑战有意思"BGM，吸引142 703人参与，获得投稿157 675条，获得超9.3亿品牌总曝光量，1 386万点赞数。

唯品会通过在关键广告位切入，第一时间抢占用户的注意力，最终"开屏黄金广告位"和原生信息流广告为挑战赛带来了超高的曝光量，成为两大引流利器，使挑战赛热度再次升级，成功为唯品会大促造势引流。

4. 塑造品牌的形象

对于品牌主来说，抖音"蓝V"企业认证号就相当于企业在抖音的阵地，它能够帮助企业传递业务信息，与用户建立互动。

很多企业和品牌都看到了抖音的巨大流量及转化能力，包括支付宝、小米、爱彼迎、马蜂窝、宜家、必胜客等在内的知名科技和互联网公司，也已经纷纷入驻了抖音平台，通过搞笑或创意的视频内容，来提升用户黏性和品牌曝光度。

例如，联想抖音上的账号，给出了两个标识：其一是口号"每一次联想，都不止15秒"；其二是更新时间"每天18：00"。联想抖音账号的视频内容则是每天固定的女生出镜，以趣味的方式展现联想的各类产品，把产品广告做成段子，却不低俗、足够有趣，勾起用户对产品的更多联想。

110 蓝V企业号的现状及发展趋势

蓝V企业号在发展过程中，呈现3个特征和趋势。下面将通过相关数据分别进行简述。

1. 行业覆盖更广

从开始内测到目前已覆盖近30个一级行业和近270个二级行业，蓝V企业号的行业覆盖无疑变得更广了。除此之外，抖音中的行业发布占比也发生了变化，具体如图9-1所示。（本节图片数据来自于《抖音企业蓝V白皮书2019版》）

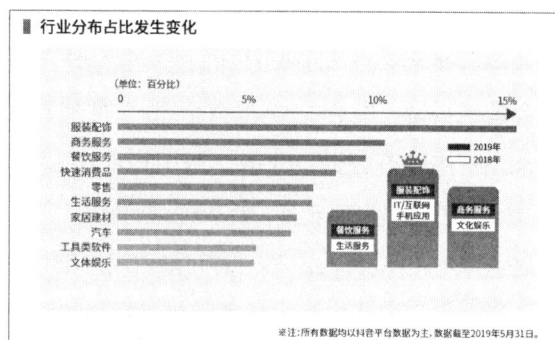

• 图9-1 抖音行业分布占比变化

2. 企业内容成为抖音视频重要来源

从2018年6月到2019年5月，蓝V抖音企业号数量增长了44.6倍，投稿量增长了211倍，企业账号日益成为抖音的重要活跃用户。具体数量变化趋势，如图9-2所示。

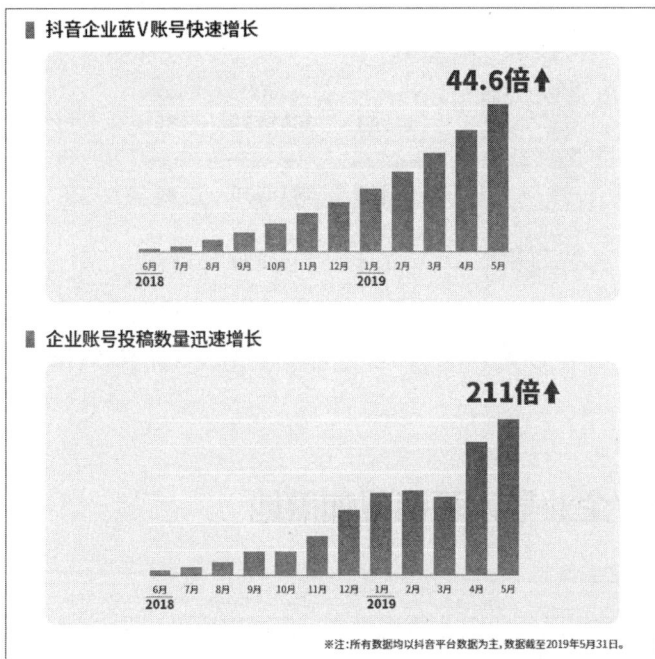

● 图9-2　蓝V抖音账号和企业账号投稿数量变化

除此之外，蓝V企业号的内容也成为抖音视频的重要来源。蓝V企业号的累积粉丝数和内容播放次数也非常可观，截至2019年5月，蓝V企业号的总粉丝人数为41亿（接近亚洲总人口数）；蓝V企业号发布的内容播放量达到10 692亿（相当于每个人每天能看到9条蓝V企业号发布的内容）。

3. 流量红利为企业营销带来更大空间

虽然蓝V企业号保持了高速的增长，但其仍具有广阔的发展空间。相比于认证前，蓝V企业号认证后的平均投稿数、播放次数、互动、主页访问和粉丝关注数量都有所增长，而且众多蓝V企业号也在新增粉丝量高速增长的同时，积累了巨大的粉丝量，相关数据如图9-3所示。

● 图9-3 蓝V企业号认证前后的数据对比以及账号粉丝数据的变化

111 蓝V企业号让营销更加落地

蓝V企业号可以帮助企业紧跟用户，借助平台设计的承接企业营销价值的多种功能，实现价值闭环。再加上抖音短视频平台具有信息密度高的特点，因此，无论用户在抖音平台的历程长短如何，企业均可通过蓝V企业号实现价值落地，满足自身的营销诉求。具体来说，蓝V企业号的价值落地又体现在以下4个方面。

1. 品牌价值

通过蓝V认证的方式，可以保证品牌账号的唯一性、官方性和权威性。通过蓝V认证之后，企业可以将蓝V企业号作为固定的抖音阵地，发挥品牌的影响力，通过抖音的传播，获得更大的影响力。另外，认证通过的蓝V企业号的主页定制功能，也能让宣传推广获得更好的效果，从而充分地发挥品牌的价值。

2. 用户价值

对于企业来说，每一个蓝V账号的关注者都是目标用户。如果能够挖掘关注者的价值，便可充分发挥粉丝的影响力，实现用户对品牌的反哺。而蓝V账号可以通过粉丝互动管理，粉丝用户画像，让内容触达用户，从而为用户营销提供全链路的工具，更好地实现用户价值。

3. 内容价值

蓝V企业号拥有更丰富的内容互动形式、更强的内容扩展性，因此，能够更好地符合用户的碎片化、场景化需求，让更多用户沉淀下来，并在与企业互动过程中，充分发挥价值，为品牌目标的实现助力。具体来说，企业可以借助日常活动、节点营销和线下活动，更好地实现蓝V企业号的内容价值。

4. 转化价值

蓝V企业号可以通过多种途径实现从种草到转化的闭环，最大限度地发挥营销短路径的优势。利用蓝V企业号的视频入口、主页入口和互动入口，企业可以让抖音用户边看边买，实现企业的转化价值。

112　认证蓝V企业号需准备的资料

如果不让孩子输在起跑线上，需要的是给他一个好的教育平台，那么不让品牌营销输在起跑线上，需要的则是一个好的投放平台。然而放眼望去：微信公众号点击率的再创新低，与微信大KOL（Key Opinion Leader，关键意见领袖）居高不下的投放价格形成了鲜明对比；而微博是以话题性和互动性著称的媒体平台，现如今"沦为"了明星们八卦绯闻的传声筒和刷粉丝业务的"温床"。所以，当越来越多的企业都将目光投向抖音平台的时候，我们也就不会大惊小怪了。

抖音已不仅是普罗大众分享美好生活的舞台，而已经成为企业主们品尝营销红利的"乐土"。开通企业账号后，将获得官方认证标志，并使用官方身份，通过视频、图片等多种形态完成内容营销闭环。抖音后续还将推出自定义主页头图、链接跳转、视频主页置顶等多款营销及内容创作工具。

2018年6月1日，今日头条App、抖音短视频App和火山小视频的企业认证正式被打通。即一次认证，享受三大平台的认证标识和专属权益。6月1日前已通过今日头条App、抖音短视频App认证的企业主，可通过账号关联的方式将认证信息同步至另一平台。

同时，申请企业认证的审核费将上调至600元/次。企业认证在给企业提供服务的同时，也会进一步规范平台运营并增强企业账号的公信力。为此，抖音引入了第三方专业审核机构，审核账号主体资质的真实性、合法性、有效性。

由于企业账号在不同平台的账号信息、认证信息存在不一样的情况，审核机构需要审核的资质内容也因平台数量的增加而增加，因而需要进行认证费用的调整。通过此次服务的升级，使各企业在多平台最大限度地释放企业服务，多平台树立品牌形象。企业认证需要准备的材料，如图9-4所示。

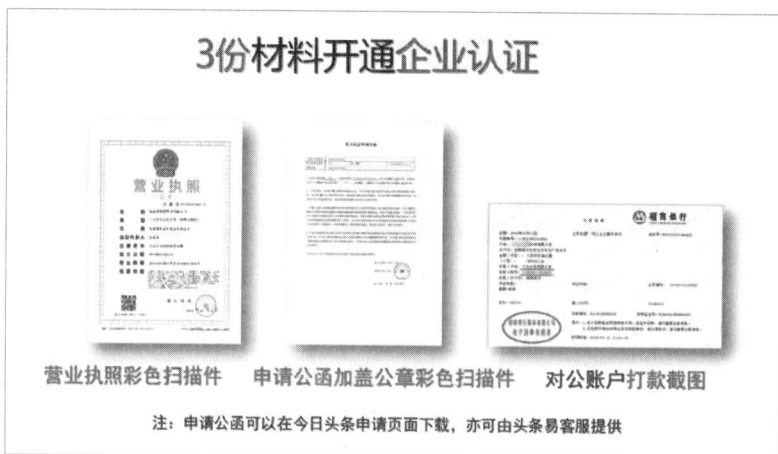

● 图9-4　企业认证需要准备材料

哪些企业不可以进行认证？

（1）营业执照的经营范围不包括财经、法律等类别，用户申请相关类别的企业账号将不予通过。

（2）公司资质、账号信息（昵称、头像、简介）涉及医疗健康类、博彩类、互联网金融类、微商，不予通过。

（3）公司资质、账号信息（昵称、头像、简介）涉及信托、私募、枪支弹药、管制刀具、增高产品、两性产品，不予通过。

（4）营业执照的经营范围涉及以下内容的不予通过：偏方、艾灸、艾方、临床检验、基因检测、血液检查、生殖健康（药物，胶囊、用剂，如私处紧致用品）、整容整形（半永久、脱毛、纹身、疤痕修复、烧伤修复）。

113　认证蓝V企业号的具体步骤

要认证企业号，首先找到企业号的认证入口。打开浏览器，在搜索栏中输入："https://www.douyin.com/"，进入抖音官网首页。选择菜单栏"企业合作"中的"企业认证"选项。操作完成后，进入"企业认证"界面，如果想要进行企业认证，只需点击界面中的"立即认证"按钮即可。

进入企业认证说明界面，如图9-5所示。在该界面中对企业认证步骤进行了说明。如果确定需要进行企业认证，可以点击界面中的"开启认证"按钮，开始进行企业认证。

●图9-5　企业认证说明界面

从图9-5中可看出，企业认证分为4个步骤。那么，这4个步骤中具体要做些什么呢?下面将分别进行分析。

1. 填写认证资料

点击企业认证说明界面中的"开启认证"按钮，即可进入填写认证资料界面，如图9-6所示。运营者在该界面中按照要求填写相关资料，资料填写完成后，点击界面下方的"提交资料"按钮即可。

2. 支付审核费用

点击填写认证资料界面中的"提交资料"后，系统会弹出支付审核费用的提示。蓝V企业号的审核费用为600元/次，认证有效期为1年。也就是说，1年之后，还需要再次进行审核，并提交审核费用。

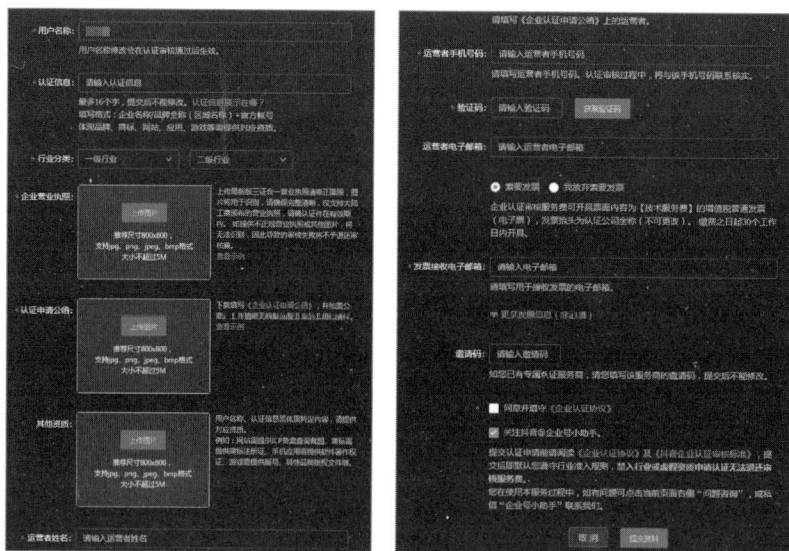

• 图9-6 填写认证资料界面

3. 认证资质审核

支付审核费用之后，相关认证人员会根据《抖音企业认证材料规范》（该规范在企业认证说明界面的企业认证步骤版块提供了入口，运营者只需点击即可查看。）对运营者提交的资料进行审核。

4. 开启账号认证

认证资质审核通过后，相关工作人员会在两个工作日内对账号开启认证。账号认证开启后，运营者便拥有了一个蓝V企业号。

114　如何设置蓝V企业号的昵称

抖音企业号的注册和个人抖音号的注册相同，抖音用户之所以可以区分个人抖音号和抖音企业号，主要依靠两者名称或者昵称的差异。因此，昵称的设置，对于抖音企业号就显得非常关键了。

由于抖音昵称不允许重名，而且企业认证采取先到先得的原则，这就意味着你喜欢的企业号昵称很可能被其他企业号抢占！一个信息描述准确、有代表性的企业号昵称，能够为企业大大降低认知成本。

在为企业号起昵称时，需要注意以下几个问题：

（1）昵称应为基于公司、品牌名、产品的全称或者无歧义简称，但要谨慎使用简称，如"小米"应为"小米公司"，"keep"应为"keep健身"，尤其是易混淆类词汇，必须添加后缀（如公司、账号、小助手、官方等）。具体业务部门或分公司不得使用简称，如"美的电饭锅"不得申请"美的"。

（2）不得以个人化昵称认证企业账号，如××公司董事长、××公司CEO、××小编等；或系统默认/无意义昵称，如"手机用户123""abcd""23333"。涉及名人引用但无相关授权的无法通过审核。

（3）如体现特定内容，需结合认证信息及其他扩展资料判定。涉及应用类，提供软著（软件著作权），如"下厨房App"需提供软著；涉及网站，提供ICP截图；涉及品牌及商标，提供商标注册证，如"雅诗兰黛"需提供商标注册证明。

（4）昵称宽泛的不予通过：拟人化宽泛，如"小神童"；范围宽泛，如"学英语"；地域性宽泛，如"日本旅游"，这些都不可通过。用户品牌名/产品名/商标名涉及常识性词语时，如"海洋之心"，必须添加后缀，如××App、××网站、××软件、××官方账号等，否则无法通过审核。

（5）昵称中不得包含"最""第一"等广告法禁止使用的词语。

115 认证后的5种独特外显特权

蓝V企业号认证不仅要准备各种资料，经过各个认证步骤，还要支付审核费用。也就是说，蓝V企业号的认证需要花费更多的时间和金钱成本。那么，为什么还要进行蓝V企业号的认证呢？这主要是因为蓝V企业号拥有独特外显、营销转化、客户管理和数据沉淀这4个方面的特权。

本节，介绍蓝V企业号的独特外显特权。抖音的独特外显特权可分为以下3个部分。

（1）通过蓝V认证的企业号，会在主页名字的左下方显示 图标，如图9-7所示。抖音用户看到该图标后，就会明白这是通过了蓝V认证的企业号。

（2）当用户搜索抖音号时，系统将通过蓝V认证的企业号置顶。这可以让企业的目标客户更快地找到企业的账号，从而帮助企业抢占流量入口。例如，在抖音"用户"中搜索"小米"的结果，会看到排在搜索结果最前面的两个账号，就是通过了蓝V认证的小米官方账号。

（3）名字唯一。为了保护蓝V企业号的权益，进行企业认证的名字，别人不可以再用。

● 图9-7　显示 图标

116　认证后的5种营销转化特权

营销转化的特权主要包括5个方面，具体如下：

（1）蓝V企业号拥有外链按钮设置权，抖音用户只需点击设置好的外链按钮，即可跳转至企业的官方网站、主页等。

（2）蓝V企业号拥有电话呼出组件，通过该组件的设置，在抖音主页界面直接留下联系方式，抖音用户只需点击对应的按钮，即可联系企业相关人员。如图9-8所示，某公司的抖音主页中设置了"联系方式"按钮，抖音用户只需点击该按钮，弹出呼叫对应号码的对话框，点击该对话框即可与企业相关人员取得联系。

●图9-8　电话呼出

（3）蓝V企业号主页可通过独有的商家TAB对企业或店铺的信息进行综合的展示，从而增强抖音营销的效果。

（4）一般的抖音号的主页只有"作品""动态"和"喜欢"3个版块的内容，而蓝V企业号则多了一个"商家"版块，企业可以利用该版块对旗下商品的相关信息进行展示。

（5）蓝V企业号可以借助DOU+功能对发布的视频内容进行推广。当然，这一点抖音个人号也可以做到。关于DOU+功能的相关内容，将在第10章中进行具体说明，此处就不再详细介绍了。

117   认证后的5种客户管理特权

企业号在客户管理方面的特权，主要包括5个，具体如下：

（1）企业自建CRM。该功能是个人号所不具备的。通过该功能可以实现线索转化持续跟踪，让用户的管理变得省时省力。

（2）私信自动回复。抖音用户跟你私信时，你可以设置一连串的自动回复。如可以展示联系方式、展示自身服务范围和设置相关问题的回复等。用户只要私信对应的内容，系统即可自动进行回复。这不仅可以避免错过客户，还能节省很多用于回复的时间。

（3）评论管理优化。给你好评，你可以把它置顶，让更多人在第一时间就能看到对你的好评，从而增加你在抖音用户心中的印象分。

（4）自定义菜单。即聚合自定义菜单，满足差异化的需求。

（5）消息管理。设置用户标签、实现精准营销。你可以根据用户发送的消息，给用户设置标签，比如意向咨询、意向顾客购买、同行来打探消息。你都可以进行标注。所以说它就是一个后台的客户数据管理，不仅可以跟踪客户对你的访问，还可以持续地进行管理。

118   认证后的5种数据沉淀特权

企业号数据沉淀的特权主要有5个方面，具体如下：

（1）主页数据。可以看到整个抖音主页访问的数据，如访问的人数、访问者的年龄和性别等数据。

（2）视频数据。可以了解一条内容视频互动的相关数据，如评论多少、点赞多少、转发多少。这些数据可以在视频内容优化时，提供可参照的方向。

（3）运营数据。如粉丝增长的曲线、点赞增长的曲线，还有关注下降、有人取关等数据，你在后台都可以看到。

（4）竞品的数据。可以看到跟你同类的行业，他们整个抖音运营的状况，随时掌握行业的趋势，这个很重要。

（5）粉丝的数据。粉丝数据可以让你洞察目标用户的需求，轻松地提高营销转化率。

119 5种蓝V企业号的常见玩法

抖音企业号认证完成后，即可进行账号的运营工作。那么，抖音企业号要如何进行运营呢？本节，介绍抖音企业号的5种常见玩法，帮助大家快速积累账号粉丝，提高品牌的知名度。

1. 玩产品

对于一个企业来说，产品无疑是营销的核心之一。而且用户对于一个企业的认知，很大程度上也来自于其生产的产品。针对这一点，在企业抖音号的运营过程中，可以将产品作为重点的展示内容，通过玩产品吸引抖音用户的目光。

需要注意的是，企业抖音号要想通过玩产品吸引抖音用户的目光，还需选择合适的产品作为展示对象。一般来说，企业的代表性产品和新品通常比较适合作为展示对象。因为具有代表性的产品，代表的是企业产品的品质。而新品则可借助抖音短视频进行很好的宣传。

图9-9所示为华为终端发布的一条抖音短视频。在这条短视频中，对华为这款新手机的外观和包含的各种黑科技进行了展示，这样在增加抖音用户对该款手机了解的同时，也从一定程度上刺激了抖音用户对该款手机的需求。

● 图9-9　华为终端的新品宣传

2. 玩标签

很多时候，消费者记住某个企业或品牌，都是因为其自身或其产品的标签。比如，许多人记住王老吉这个品牌，是因为"怕上火喝王老吉"这句广告语。而这句广告语正是给王老吉贴上了一个降火的标签。

其实，在进行抖音企业号的运营过程中，同样可以采取这种贴标签的方式，让抖音用户更好地记住企业旗下的品牌及其生产的产品，从而达到提高品牌知名度，提高产品销量的目的。

3. 玩热点

相比于其他内容，热点内容无疑会更加吸引目标用户的目光。如果抖音企业号在运营过程中，能够结合当下的热点推出相关的抖音短视频，便能快速获得大量抖音用户的关注。

比如，随着李现热度的上升，成为许多女生心中的模范男友。于是，网络上开始出现"'现'男友"一词，并快速在各大新媒体平台刷屏。

在这种情况下，"'现'男友"无疑就成为一个热点。也正因如此，荣耀手机借助该热点，邀请李现作为品牌的时尚大使，推出新产品，并为李现拍摄了专门的短视频。

其实，大多数带有广告性质的抖音短视频，关注的人通常都不会很多。但是，荣耀手机的一条李现代言短视频却获得了近70万点赞和4万回复，由此可看出李现的流量之大，以及借助荣耀手机玩热点所取得的效果。

4. 玩特效

随着抖音的发展和抖音用户的不断增多，许多抖音电商运营者会发现一个问题，那就是越来越难拍摄出具有特色，又能吸引抖音用户参与的短视频。其实，这个问题对于抖音企业号来说很容易解决。

这主要是因为抖音企业号可以推出话题活动，并给话题活动配备专属的特效，在通过特效来增强短视频内容特色的同时，让独特的短视频特效来增加抖音用户利用特效拍摄短视频的意愿。

一个合格的专属特效应该满足两点：一是专属特效应该与企业、品牌或者产品有较强的关联性，让抖音用户一看到短视频，就能想到其对应的企业、品牌或产品；二是专属特效应该具有普适性，抖音用户也能利用该视频拍摄出自己的短视频，否则抖音用户的参与积极性将难以提高。

比如，黑人牙膏曾推出"我要泡泡白"话题活动，并为该话题活动配备了专属的特效。该特效一经使用，屏幕中会出现大量气泡，同时显示黑人牙膏的形象。这仿佛在告诉抖音用户，使用该牙膏后会出现大量白色的泡泡，它们会美白你的牙齿，清新你的口气。而且该特效在抖音用户看来非常有趣和酷炫，再加上该话题活动有一定的奖励。所以，抖音用户在看到该话题活动之后会更愿意参与。

5. 玩达人

如果抖音企业号刚申请不久，粉丝数量比较少，或者企业的知名度比较低，那么，很可能发布了抖音短视频，也不会有太多抖音用户关注。这样一来，抖音企业号发布的抖音短视频自然很难获得比较好的营销效果。

其实，抖音企业号自身流量不足的问题可以通过一种方法得到有效的解决，那就是邀请网红达人进行宣传。这与请明星做代言是一个道理，无论是网红达人，还是明星，其共同点在于都拥有一定的粉丝量和影响力。

当然，抖音平台上的网红达人与一般的明星可能会有一些不同，这主要体现在，抖音网红达人是通过拍摄抖音短视频发展起来的，他们拍摄的短视频通常质量比较高，对抖音用户也会更具吸引力，而且他们大多拥有大量忠实粉丝，只要这些网红达人发布了新短视频，粉丝们会纷纷进行查看。

金龙鱼曾推出"2019舞出好比例"话题活动，并邀请代古拉K和他是子豪等抖音网红达人拍摄了相关的短视频。而这两位网红达人的短视频发布之后也是快速获得了数十万点赞，快速让金龙鱼推出的"2019舞出好比例"话题成为热门话题。

120 企业号的运营应配备专业团队

个人抖音号拍摄的短视频相对来说可能会随意一些，只要看到一些新奇的内容，个人抖音号运营者便可以拍下来，上传至抖音短视频平台。而抖音企业号作为企业的一个宣传窗口，其发布的短视频内容都代表了企业的形象。因此，抖音企业号拍摄的内容通常需要进行前期策划。

当然，企业抖音号的运营除了短视频内容的策划之外，还涉及具体内容的拍摄，以及对账号粉丝的运营等。很显然，企业抖音号的运营是一个复杂系统的工程，如果将运营的全部工作交给某个人肯定是不行的。那么，怎么保证企业抖音号的正常运作呢？

笔者认为，还得为企业抖音号配备专门的运营团队，让专门的人来做专业的事。具体来说，为企业抖音号配备专门的运营团队又需要重点做好两方面的工作，即组建运营团队和进行团队分工。

1. 组建运营团队

要组建一个专门的企业抖音号运营团队，首先对企业抖音号的运营工作进行分类，了解各部分工作对人员能力的需求。然后，根据运营工作对能力的具体需求寻找合适的人选，并将合适的人员固定下来，组成一个完整的团队。

在此过程中，需要特别注意的是，一定要按照要求去选择人员，找到合适的人选，而不能为了省事就随便找人凑数。因为每个运营人员都有需要完成的工作，一个企业抖音号的成败与每一个运营人员都有关系，如果运营人员的素质达不到要求，企业抖音号在运营过程中很可能会出现各种各样的问题。

2．进行团队分工

运营团队组建完成后，接下来要做的就是对团队进行分工，确定每个运营人员的具体工作。一般来说，企业抖音号的运营工作可以分为以下3个部分。

（1）内容策划。一个抖音短视频能否获得成功，关键还在于内容。因此，对于企业抖音号来说，短视频内容的策划非常关键。内容策划涉及方方面面，不仅包括短视频的创意，更包括短视频中的各种具体内容，如出镜的人员、场景等，这些都必须在短视频拍摄之前确定下来。

（2）内容拍摄。主要是将前期策划的内容变成短视频内容。这不仅要求根据内容策划进行拍摄工作，为了让短视频的内容更具表现力，还需要对短视频拍摄的各种参数进行设置，并对拍摄完成的短视频进行必要的后期处理。

（3）账号维护。账号维护人员主要负责与粉丝的沟通，包括回复消息和评论，以及账号信息的设置，通过加强与粉丝的联系，增加粉丝的黏性。部分账号维护人员还要负责短视频的上传与信息编辑工作。

121　把控住企业号视频发布的节奏

企业抖音号发布的短视频内容大多数都带有营销的属性，这本身就容易让抖音用户不太愿意关注。如果在企业抖音号的运营过程中三天打鱼两天晒网，很长时间还不发布新的短视频内容。那么，企业抖音号好不容易获得的粉丝也会慢慢地流失。毕竟在抖音用户看来，如果一个抖音账号很久都不更新内容，其价值也会大打折扣。

因此，在企业抖音号的运营过程中一定要把握内容的发布节奏，适时地发布新内容，让抖音用户知道你的账号还在运营过程中。当然，不同的内容发布的节奏有所不同，在发布过程中，还需根据内容所属的类别把握节奏。

一般来说，热点型内容都具有一定的实效性，因为热点的热度只会持续一段时间。对于这种内容，抖音企业号需要尽快发布，要知道，你早一秒发布，就能早蹭一秒的热度。而一旦热度过去了，短视频的流量便有可能大幅减少，而短视频的营销效果也将大打折扣。

连续性内容包含多个视频，对于这一类内容可以选择一定的频率在相对固定的时间内发布，让抖音用户养成观看短视频内容的习惯，并通过一系列短视频在抖音用户心中打造企业、品牌和产品的鲜明形象。

而具有广告导向的短视频内容，则应配合品牌的关键营销节点进行集中投放，快速将企业、品牌和产品的相关信息传达给潜在消费者，从而在短期内助力品牌的爆发式增长。

122　企业号的内容策划更应注意细节

企业在策划视频过程中，需要注意哪些细节？该从哪些方面着手呢？笔者认为，最重要的就是拍摄脚本的策划，是剧情类、知识类，还是开箱测评类？

如果说企业的视频只是简单地呈现产品的功能或外观，那么拍出来的视频跟淘宝上常见的商品视频就没有什么区别了，就像一个干巴巴的说明类视频。这样的视频，即使画面再精美，也没有办法在短视频的大海中脱颖而出，让人记忆深刻。

因此，企业要更多考虑怎样通过短视频提高商品的溢价，让买家对商品更感兴趣。所以企业短视频需要策划，也就是核心价值的挖掘。那么在挖掘核心价值时，企业应从哪些方面着手呢？下面归纳了4点，具体如图9-10所示。

短视频的核心价值一定要有感染力，即价值要能够触动买家的内心，让买家与其产生共鸣，从而对其认同并且赞同的一种力量

核心价值与同类产品要有差异化，即我们要别具一格，而且要有合情合理的优点，不走寻常路但又不偏离整个图纸

核心价值挖掘的要点

核心价值要具备包容力和敏感性，即要有一定的深度，要经得起推敲，让买家回味无穷

核心价值要可以提升品牌的溢价能力，即能够让品牌在同类产品中卖出更高的一个价格

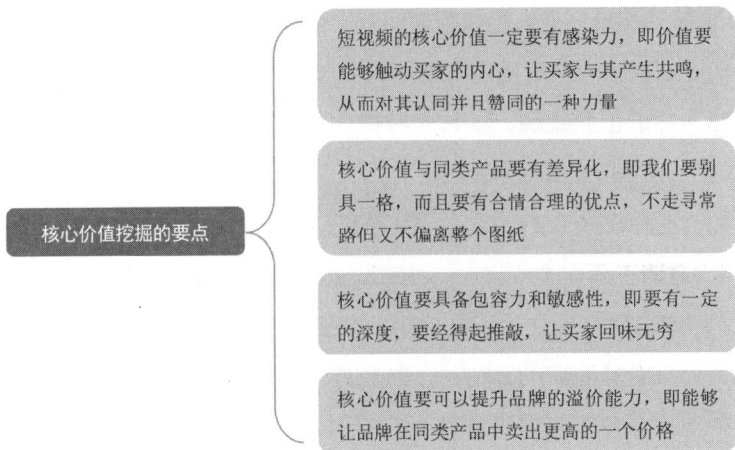

● 图9-10　核心价值挖掘的要点

123　企业号运营中品牌人设的塑造

人设简单来说就是一个容易被人记住的标签。在日常生活中，比较常见的人设应该是娱乐圈明星的人设。比如，迪丽热巴的"吃货"人设；霍建华的"老干部"人设等。人设实际上就是抢占认知，让受众看到某个标签之后就能想到你的人设。

而品牌人设则是品牌向外界展示的一个标签。一个品牌打造的人设能够在潜在消费者心中留下深刻的印象，从而刺激更多消费者购买品牌旗下的产品。品牌人设的打造有两个关键点：一是打造的人设要有独特性，也就是当前市场上没有的，能区别于竞争对手的标签；二是品牌的人设要与品牌自身的特性有一定的关系，那些胡乱编造的标签是没有说服力的。

正是因为品牌人设的抢占认知作用，所以，许多品牌都开始打造属于自己的品牌人设。在众多企业中，小米绝对是品牌人设打造得比较成功的企业。一说起小米，绝大多数人的第一印象就是产品性价比高。特别是小米手机，与市面上三四千元的手机配置相同的小米手机可能只要2000元左右。

这主要还是因为小米从一开始打造的就是高配低价的品牌人设，小米科

技CEO的观点就是：小米不靠硬件赚钱。而这个品牌人设也起到了很好的作用，小米受到了国内大量用户的拥护，小米也拥有了大量的"米粉"。

当然，对于企业来说，品牌人设建立之后，还得用心来维护，一旦人设崩了，就会产生难以想象的后果。

例如，王源在大众的印象中一直都是积极阳光的大男孩形象。也正因如此，小米9邀请王源作为代言人，目的是塑造小米9年轻、时尚的气质。然而，就在成为小米9代言人之后不过短短几个月，王源便被爆出在公共场合吸烟的新闻，而且看其抽烟的姿势，显然是其中的老手了。该新闻一出，王源之前塑造的正面形象顷刻之间崩塌，而其代言的小米9也因此蒙上了一层烟云。

虽然王源的人设崩塌并不是小米造成的，但是，小米却要为此承担严重的后果。这也在警示企业，做品牌人设时不仅要做好自身的形象维护，也要对代言人进行严格的挑选。毕竟代言人也是品牌的一个重要招牌，一旦代言人出现了不良的新闻，其代言的品牌或多或少会受到一定的影响。

第10章

抖音蓝V：解锁更多
企业营销玩法

在抖音中要想快速获得粉丝和收益，还得借助一些实用的功能。本章将从13个方面重点介绍抖音中的实用功能，帮助抖音运营者更好地进行抖音账号的运营，解锁企业新玩法。

要点展示：
- ➤ 猜你想搜功能
- ➤ 热点榜功能
- ➤ 明星榜功能
- ➤ 品牌热DOU榜功能
- ➤ 好物榜功能
- ➤ 视频置顶功能
- ➤ 长视频功能
- ➤ 商品分享功能
- ➤ 商品橱窗功能
- ➤ 抖音小店功能
- ➤ 抖音小程序功能
- ➤ DOU＋上热门功能
- ➤ POI地址认领功能

124　猜你想搜功能

"猜你想搜"主要显示其他用户搜索较多的一些内容，因为这些内容的搜索人群比较多，所以，这些内容往往能够聚合大量兴趣人群。

抖音用户只需进入搜索界面，可以看到搜索栏下方菜单栏左侧的"猜你想搜"版块，如果点击"猜你想搜"版块中的某一内容，可看到大量与该内容相关的视频和用户，如图10-1所示。

●图10-1　利用"猜你想搜"版块聚合兴趣人群

因为"猜你想搜"版块显示的都是抖音用户搜索次数较多的内容，所以，抖音用户如果能够打造与之相关的视频，通常就能吸引大量对该内容感兴趣的抖音用户，从而快速获取部分抖音用户的关注。

125　热点榜功能

"热点榜"位于"猜你想搜"版块的右侧，顾名思义，该版块就是根据热度对一些热门内容进行排名显示的。如果抖音用户对某一热度内容感兴趣，只需点击该热点，即可看到相关的视频，如图10-2所示。

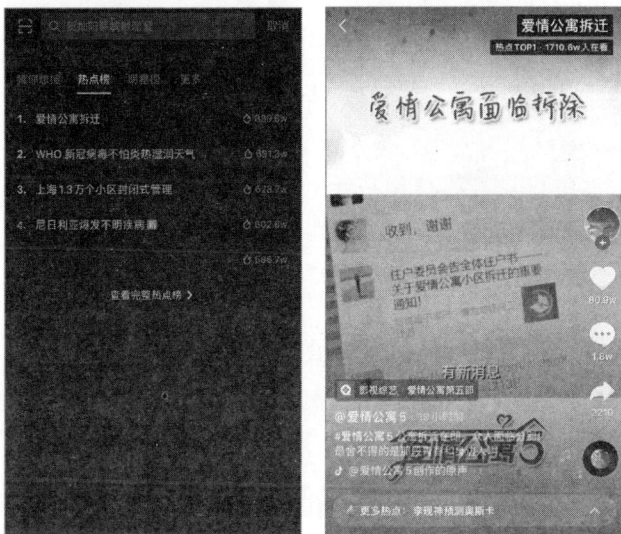

● 图10-2　利用"热点榜"版块带来流量

"热点榜"是衡量内容热度的一个重要榜单，抖音运营者可以参考其中的热点内容打造视频，从而借助内容的热度吸引部分抖音用户的目光。

126　明星榜功能

"明星榜"位于"热点榜"的右侧，顾名思义，该榜单就是根据一定规则对抖音中明星的账号进行一个排行。"明星榜"版块通常只会显示排行榜前5位的明星，如果点击该版块的"查看完整版"按钮，可以查看完整榜单，如图10-3所示。

● 图10-3 利用"明星榜"版块查看明星排行情况

"明星榜"版块不仅可以查看明星的排行情况、为明星打榜，还能点击某位明星的账号头像，进入其抖音主页，查看该明星的主页信息及发布的相关内容。

对于抖音运营者来说，"明星榜"是一个可以提供学习对象的榜单。虽然"明星榜"中显示的都是明星的账号，但是，这其中也不乏一些名气不算太大，排名却比较靠前的明星。抖音运营者可以通过查看这一类明星的内容，打造更受抖音用户欢迎的视频。

对于品牌主来说，"明星榜"是一个可以提供合作对象的榜单。这些榜单中显示的都是在抖音中比较受欢迎的明星，所以，品牌主如果能够让其中的某位或某些明星代言，就能快速获取部分抖音用户的关注。

127 品牌热DOU榜功能

"品牌热DOU榜"是根据品牌的热度进行排行的一种榜单。抖音用户点击搜索界面菜单栏中的"更多"按钮，然后，选择"品牌热DOU榜"选项，可进入"品牌热DOU榜"界面，如图10-4所示

• 图10-4　利用"品牌热DOU榜"版块查看同行中的榜样

"品牌热DOU榜"具体分为汽车、手机、美妆、奢侈品、食品饮料、家用电器和服装鞋帽7个行业榜单，每个榜单会对行业内排行前30位的品牌进行展示。抖音企业号运营者可以通过该榜单查看行业内品牌的抖音热度排行情况，并通过查看具体品牌账号的运营情况，学习企业号的运营经验。

128　好物榜功能

"好物榜"位于"品牌热DOU榜"的右侧，该榜单是根据商品的人气值进行的一个排行。抖音用户只需点击榜单中某个商品的对应位置，即可查看添加了该商品的热门视频，有需要的抖音用户还可以点击商品链接，查看商品详情，甚至直接购买商品，如图10-5所示。

一件商品之所以能够进入"好物榜"，主要有两个方面的原因：一是抖音用户对该商品比较感兴趣；二是与商品相关的视频对抖音用户有吸引力。因此，通过查看该榜单的商品和视频，抖音用户不仅可以找到受欢迎的商品，还能找到受欢迎的视频。

● 图10-5　利用"好物榜"版块找到受欢迎的商品

129　视频置顶功能

"视频置顶"就是将已经发布的抖音视频放置在抖音主页中"作品"版块的顶部。抖音运营者可以借助该功能，将重要的视频放置在显眼位置，从而提高视频的点击率和宣传效果。那么，如何将抖音视频进行置顶呢？下面讲解具体的操作步骤。

步骤01　在抖音主页中点击需要置顶的视频，进入视频播放界面，点击界面中的●●●按钮，如图10-6所示。

步骤02　将弹出一个对话框。点击对话框中的"置顶"按钮，如图10-7所示。

步骤03　返回视频播放界面。如果界面中显示"置顶成功"，就说明置顶操作成功了，如图10-8所示。

另外，此时如果进入抖音主页界面，该视频将出现在抖音主页"作品"版块的顶部，如图10-9所示。

● 图10-6　点击●●●按钮

● 图10-7　点击"置顶"按钮

● 图10-8　显示"置顶成功"

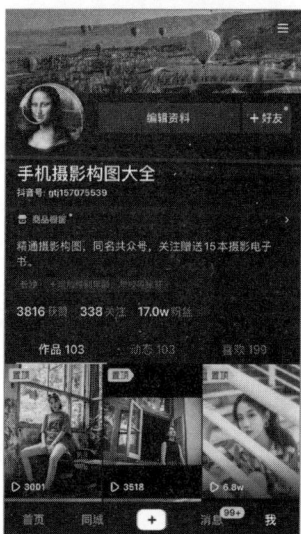

● 图10-9　视频在"作品"版块中被置顶

130 ．长视频功能

在许多人的印象中，抖音短视频的默认拍摄长度是15秒。但是，有时候抖音运营者需要传达的内容比较丰富，在15秒内难以完整展示所有的内容。那么，有没有什么方法可以增加短视频的录制时间呢？

其实，随着抖音App的升级，抖音运营者在抖音短视频中拍摄的视频长度可以增加为60秒。那么，如何在抖音短视频App中拍摄60秒的短视频呢？下面对具体操作步骤进行简单的解读。

步骤01 登录抖音短视频App，点击界面下方的 ⊞ 按钮，进入短视频拍摄界面，如图10-10所示。

步骤02 可以看到，系统默认的是拍摄15秒视频，如果要拍摄60秒视频，点击"拍60秒"按钮，即可进入如图10-11所示的60秒视频拍摄界面。

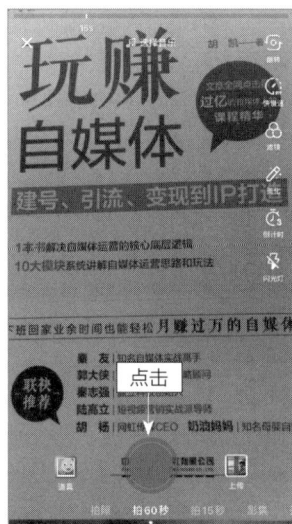

• 图10-10　点击 ⊞ 按钮　　　　• 图10-11　短视频拍摄界面

步骤03 抖音运营者只需点击60秒视频拍摄界面中的 ⬤ 按钮，即可进行60秒视频的拍摄和上传。

看到这里，有的抖音电商运营者可能会有些疑惑，为什么在抖音短视频App中有的短视频有好几分钟，甚至十几分钟呢？其实，你同样可以在抖音中发布这样的长视频，只是不能直接拍摄，只能选择拍摄好的短视频进行上传。

具体来说，在"反馈与帮助"界面有"如何上传1~15分钟的短视频？"选项，如图10-12所示。抖音用户只需选择该选项，即可进入如图10-13所示的

"抖音视频"界面。在该界面中点击"点击上传"按钮，即可选择需要上传的
短视频进行发布。

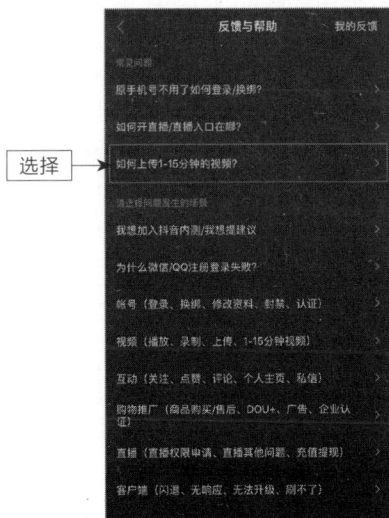

● 图10-12 "反馈与帮助"界面　　● 图10-13 "抖音视频"界面

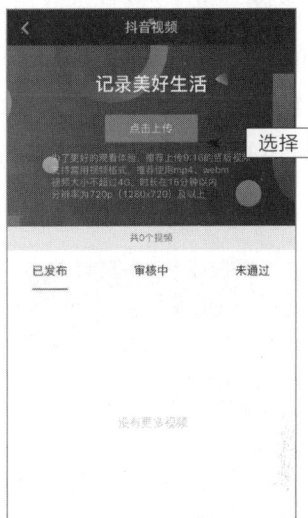

131 商品分享功能

　　商品分享功能，顾名思义，就是对商品进行分享的一种功能。在抖音平
台中，开通商品分享功能之后，可以在抖音视频、直播和个人主页界面对商品
进行分享。并且开通商品分享功能之后，用户还可以拥有自己的"商品橱窗"。

　　抖音中的商品分享功能相当于是一个超链接，用户可以通过路径的设
置，借助商品分享功能，将用户引导至商品购买页面。如果其他抖音用户看
到视频和直播之后，对视频和直播中的商品感兴趣，会通过商品分享功能
快速完成购买。这无疑能够对抖音运营商的店铺销售提升起到极大的促进
作用。

　　那么如何在抖音平台开通商品分享功能呢？具体操作步骤如下。

　　步骤01　　登录抖音短视频App，❶点击█按钮；在弹出的选项栏中，
❷选择"创作者服务中心"选项，如图10-14所示。

步骤**02** 进入创作者服务中心界面，选择界面中的"商品分享功能"选项，如图10-15所示。

步骤**03** 进入"商品分享功能"界面，点击界面中的"认证"按钮，如图10-16所示。

步骤**04** 进入"实名认证"界面，在界面中❶输入姓名和身份证号；❷点击"开始认证"按钮，如图10-17所示。验证完成后，便可直接开通商品分享功能。

● 图10-14 选择"创作者服务中心"选项

● 图10-15 选择"商品分享功能"选项

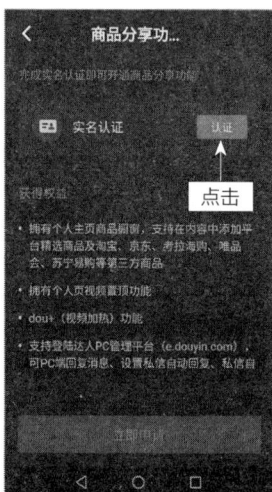

● 图10-16 "商品分享功能"界面

● 图10-17 "实名认证"界面

132 商品橱窗功能

抖音商品橱窗，顾名思义，就是抖音短视频App中用于展示商品的一个界面，或者说是一个集中展示商品的功能。商品分享功能成功开通之后，抖音账号个人主页界面中将出现"商品橱窗"入口，如图10-18所示。

另外，初次使用"抖音橱窗"功能时，系统会要求开通电商功能。其具体操作为：点击个人主页界面中的"商品橱窗"，进入"开通电商功能"界面，如图10-19所示。向上滑动屏幕，阅读协议的相关内容，确认没有问题之后，点击下方的"我已阅读并同意"按钮。

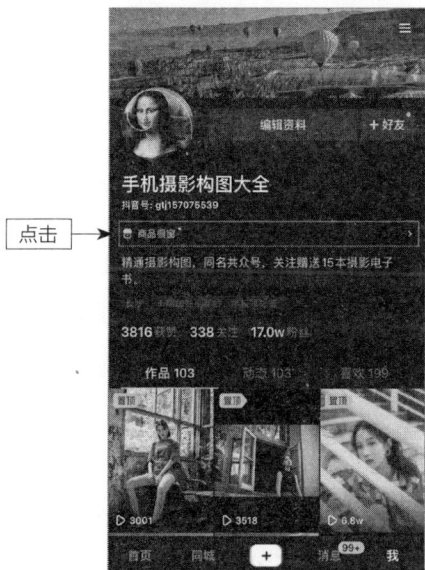

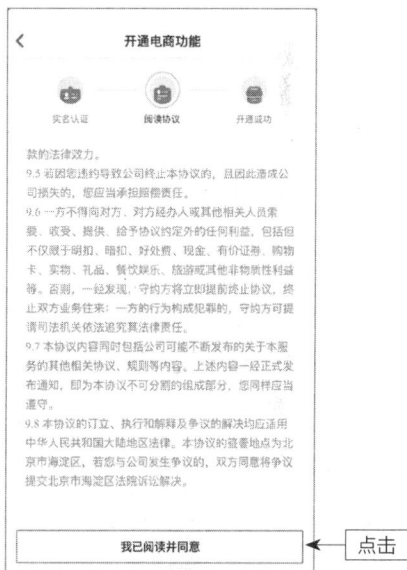

●图10-18　出现"商品橱窗"入口　　●图10-19　"开通电商功能"界面

操作完成之后，如果显示"恭喜你已开通抖音商品推广功能！"，就说明电商功能开通成功了，如图10-20所示。

开通电商功能后，抖音运营者添加的商品将在商品橱窗中集中进行展示。例如，抖音用户点击"手机摄影构图大全"抖音主页的"商品橱窗"按钮，即可进入如图10-21所示的商品橱窗界面，查看其销售的商品。

● 图10-20　电商功能开通成功　● 图10-21　手机摄影构图大全的商品橱窗

133　抖音小店功能

　　抖音为什么要做抖音小店？官方给出的解释是：为自媒体运营者提供变现工具，拓宽内容变现的渠道。对于抖音运营商来说，通过添加别人淘宝店铺的商品，虽然可以获得一定的收益，但是，这个比例通常比较低。而且在这种模式之下，自媒体电商运营者也很难进行变现。

　　而如果开通了抖音小店，自媒体电商运营者便可以打造属于自己的抖音电商销售平台，快速获得应有的收益。除此之外，对于抖音用户来说，来自抖音小店的商品购买也更加便捷。

　　抖音用户点击视频中的商品链接，如果该商品来自抖音小店。那么，在抖音商品详情界面中将显示"来自小店"的字样，如图10-22所示。

　　如果抖音用户要购买该商品，点击抖音商品详情界面中的"立即购买"按钮，即可进入商品选择界面，如图10-23所示。在该界面中抖音用户可以选择需要购买的商品。

　　商品选择完成后，点击下方的"确定"按钮，即可进入"确认订单"界面，如图10-24所示。抖音用户只需在该界面中填写收货信息，并支付对应的金额，直接在抖音短视频App中完成下单操作。

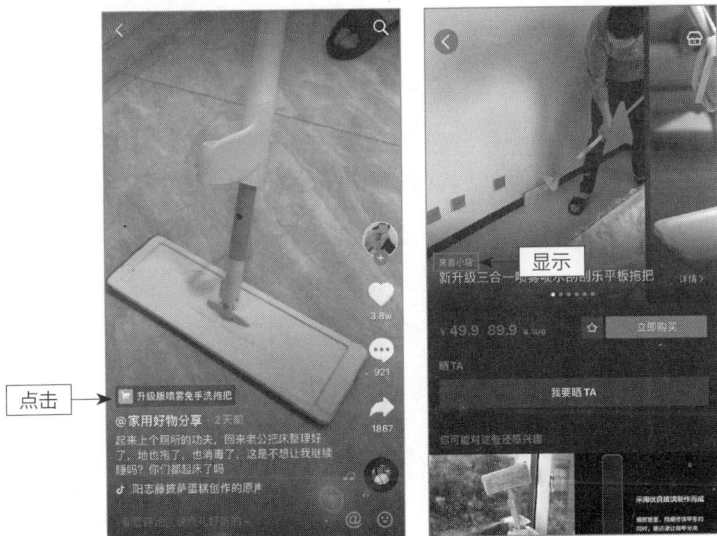

● 图10-22　商品显示"来自小店"的字样

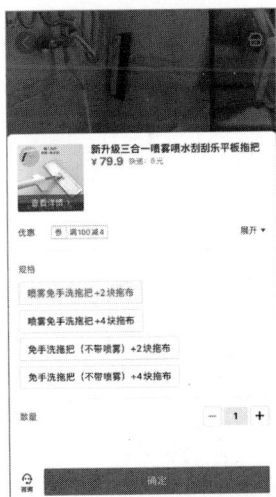

● 图10-23　商品选择界面

● 图10-24　"确认订单"界面

　　如果商品是来自淘宝等其他电商平台，那么抖音用户要购买该商品，还需跳转至该电商平台。如果没有该电商平台的账号，还需要进行账号注册等操作。相比之下，抖音小店中的商品能通过抖音直接进行购买，无疑就便利得多了。

134　抖音小程序功能

　　抖音小程序是抖音平台的一个重要功能，同时也是抖音短视频延伸变现的一个工具。抖音账号运营者只需开发一个抖音小程序，相当于在抖音上增加了一个变现的渠道。抖音账号运营者在抖音中放置抖音小程序的链接，抖音用户点击链接即可进入小程序，在小程序中了解相关信息，甚至是购买商品。

　　抖音对于自己的小程序功能非常重视，这一点从抖音平台中小程序的入口数量可以看得出来。在抖音中，主要为抖音小程序提供了4个入口，这也让抖音小程序功能更加实用了。

1.　视频播放界面

　　抖音电商运营者如果已经拥有了自己的抖音小程序，即可在视频播放界面中插入抖音小程序链接，抖音用户只需点击该链接，即可直接进入对应的链接位置。抖音小程序的特定图为：　。抖音用户只要看到带有该图标的链接，点击即可进入抖音小程序。

　　例如，在小米有品的短视频播放界面中，抖音用户有时可以看到在该账号名称的上方会出现一个带有　图标的链接，点击链接之后，即可进入"小米有品"抖音小程序某商品的详情界面，如图10-25所示。

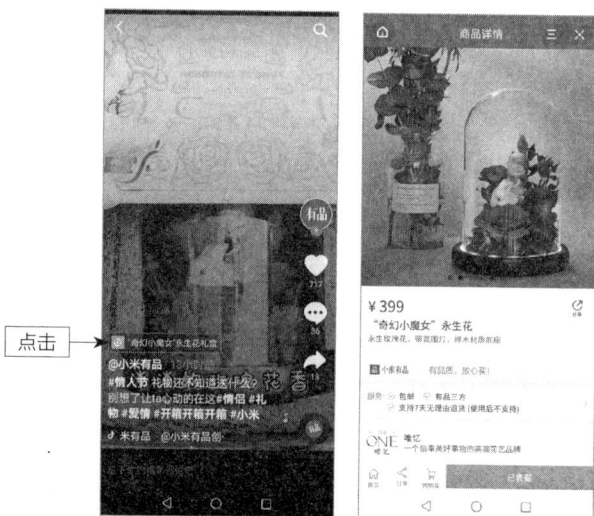

● 图10-25　视频播放界面中的抖音小程序入口

2. 抖音主页界面

抖音主页界面中，同样也可插入抖音小程序链接。例如，在"抖音小游戏"的抖音主页中，就有一个带有抖音小程序的链接，抖音用户点击该链接，即可直接进入其抖音小程序，如图10-26所示。

● 图10-26　抖音主页界面中的抖音小程序入口

3. 最近使用的小程序

如果抖音用户近期使用过某些抖音小程序，这些小程序就会在最近使用的小程序中出现。那么最近使用的小程序的位置在哪里呢？

抖音用户只需❶点击▇▇按钮，在弹出的菜单栏中，❷选择"小程序"选项，即可进入"小程序"界面，如图10-27所示。抖音用户只需点击抖音小程序所在的位置，即可直接进入其对应的抖音小程序界面。

4. 综合搜索界面

相比于视频播放界面、视频评价界面和个人主页界面中——查找某个抖音小程序，更多抖音用户可能更习惯于直接进行抖音小程序的搜索。例如，在综合搜索界面中，输入"携程旅行"，点击搜索结果界面中"小程序"版块中的"携程旅行"，即可进入该抖音小程序，如图10-28所示。

● 图10-27　最近使用的小程序中的抖音小程序入口

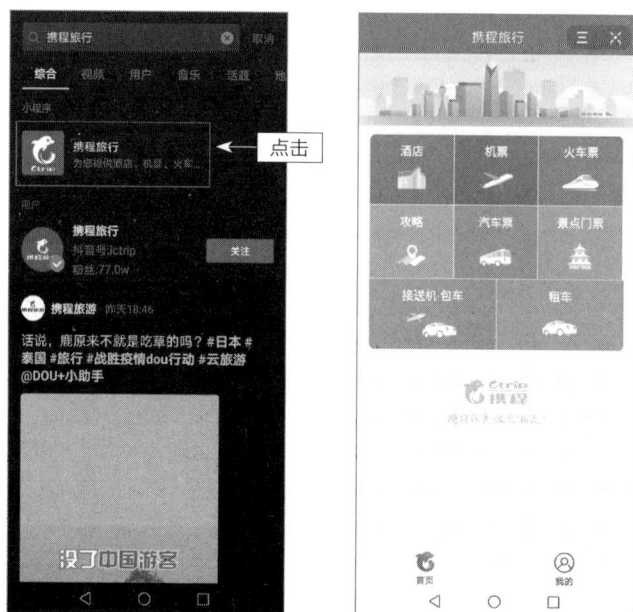

● 图10-28　内容搜索界面中的抖音小程序入口

135 DOU+上热门功能

DOU+作品推广功能，是一种给短视频加热，让更多抖音用户看到短视频的功能。其实质就是通过向抖音平台支付一定的费用，花钱买热门，提高抖音短视频的曝光率。

在抖音短视频App中，有两种使用DOU+作品推广功能的方法，即在个人主页使用和在视频播放页使用。下面将分别进行简单的说明。

1. 个人主页使用

在个人主页使用DOU+作品推广功能的步骤具体如下。

步骤01 登录抖音短视频App，进入"我"界面。点击界面中的 ▤ 按钮，在弹出的菜单栏中选择"服务"一栏下方的"DOU+上热门"选项，如图10-29所示。

步骤02 进入"DOU+上热门"界面，在该界面中点击需要上热门的视频下方的"上热门"按钮，如图10-30所示。

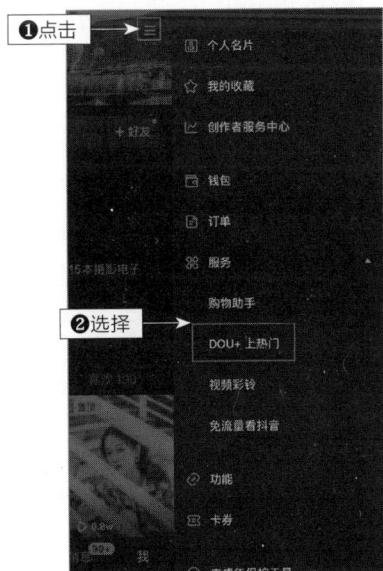

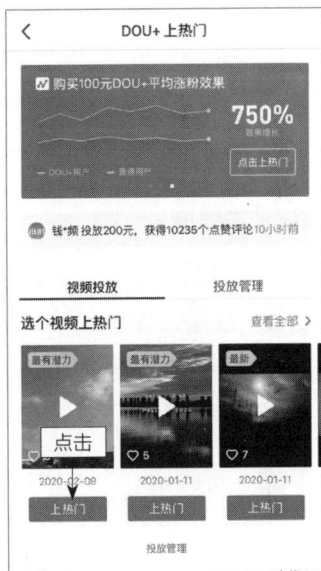

● 图10-29 选择"DOU+上热门"选项 ● 图10-30 "DOU+上热门"界面

步骤❸　进入"速推版"界面。"DOU＋上热门"有两种方式可以选择，即"速推版"和"定向版"，如图10-31所示。

在该界面中，我们可以查看被推广视频的相关信息和DOU＋的预期效果等。只需点击下方的"支付"按钮，并支付相应的费用，就可以将短视频推上热门，提高其曝光率。

● 图10-31　"DOU＋上热门"的两种方式

2. 视频播放页使用

DOU＋作品推广功能除了在个人主页界面使用之外，还能在视频播放页使用，具体的使用步骤如下。

步骤❶　打开需要推广的短视频，点击界面中的　●●● 按钮，如图10-32所示。

步骤❷　将弹出一个对话框，点击对话框中的"DOU＋上热门"按钮，如图10-33所示。

● 图10-32　点击 ••• 按钮　　● 图10-33　点击"DOU+上热门"按钮

步骤03　进入如图10-31所示的"DOU+上热门"方式选择界面。抖音运营者只需根据提示支付对应的费用，就可以借助DOU+上热门功能进行推广引流，提高视频的变现能力。

136　POI地址认领功能

POI是Point of Interest的缩写，可以翻译为"兴趣点"。店铺可以通过认证认领POI地址，认领成功后，即可在短视频中插入店铺位置链接，点击该链接，可了解店铺的相关信息，如图10-34所示。

该功能对于经营线下实体店的抖音电商运营者来说，可谓是意义重大。这主要是因为抖音电商运营者如果设置了POI地址，那么抖音用户就可以在店铺信息界面中看到店铺的位置，点击该位置，并借助导航功能，抖音用户还可以很方便地找到店铺，进店消费。

当然，POI地址功能虽然是一个将抖音流量引至线下的一个实用工具，但是，引流的效果还得由短视频获得的流量来决定。因此，打造吸引抖音用户的短视频，还是该功能发挥功效的基础。

●图10-34　插入POI地址的店铺

第11章

抖音视频：用标题和内容获得持续关注

抖音用户喜欢刷推荐页的内容，在刷到有趣的视频之后，可能会点击关注，他们会关注很多人，但很少会专门去看这些抖音号的新视频。所以，我们只有让短视频上热门，才有可能被更多人看到，获得抖音用户的持续关注。

要点展示：

- ➤ 视频必须是原创的
- ➤ 视频必须是完整的
- ➤ 视频中不能有水印
- ➤ 视频要足够吸引人
- ➤ 视频标题要这样写
- ➤ 视频标题的误区
- ➤ 福利型视频标题
- ➤ 价值型视频标题
- ➤ 励志型视频标题
- ➤ 冲击型视频标题
- ➤ 揭露型视频标题
- ➤ 悬念型视频标题
- ➤ 借势型视频标题

- ➤ 警告型视频标题
- ➤ 观点型视频标题
- ➤ 独家型视频标题
- ➤ 数字型视频标题
- ➤ 急迫型视频标题
- ➤ 帅哥美女类视频
- ➤ 呆萌可爱类视频
- ➤ 才艺展示类视频
- ➤ 技能妙招类视频
- ➤ 美食美景类视频
- ➤ 信息普及类视频
- ➤ 幽默搞笑类视频
- ➤ 知识输出类视频

137 视频必须是原创的

抖音上热门的第一个要求是：视频必须为个人原创。很多人开始做抖音原创之后，不知道拍摄什么内容，其实这个内容的选择没那么难，可以从以下几方面入手。

- 可以记录你生活中的趣事。
- 可以学习热门的舞蹈、手势舞等。
- 配表情系列，利用丰富的表情和肢体语言。
- 旅行记录，将你所看到的美景通过视频展现出来。

另外，我们也可以换位思考，如果我是粉丝，希望看什么内容? 即使不换位思考，也可以回顾一下，我们在看抖音的时候爱看什么样的内容。

搞笑的肯定是爱看的，如果一个人拍的内容特别有意思，用户绝对会点赞和转发，还有情感的、励志的、"鸡汤"的等，如果内容能够引起用户的共鸣，那么用户也会愿意关注。

上面的这些内容属于广泛关注的，还有细分的。例如，某个用户正好需要买车，那么关于鉴别车辆好坏的视频就会成为他关注的内容。

再如，某人比较胖，想减肥，那么减肥类的内容他也会特别关注。所以，这就是我们关注的内容，同样也是创作者应该把握的原创方向。看自己选择什么领域，那么就做这个领域人群关注的内容。

138 视频必须是完整的

虽然视频可能只有15秒，但是一定要保证视频时长和内容完整度，视频短于7秒是很难被推荐的。保证视频时长才能保证视频的基本可看性，内容演绎的完整才有机会上推荐。如果你的内容卡在一半就结束了，被用户看到会是十分难受的。

为了保证发布的内容是完整的，抖音用户可以重点做好以下两个方面的工作：

一是通过前期策划，对需要拍摄的内容进行合理的规划。

二是同样的内容，有条件的话，可以多拍几条，从中选择相对完整的。

139　视频中不能有水印

抖音中的热门视频不能带有其他App水印，不能使用不属于抖音的贴纸和特效，这样的视频可以发布，但不会被平台推荐。

除此之外，将其他账号已经发布的抖音短视频直接复制并进行发布，视频画面中左上角或右下角会出现原账号的相关信息，如图11-1所示。这一类短视频因为是直接搬运，所以通常也不会被平台推荐。

●图11-1　短视频中出现其他抖音号水印

抖音用户在上传短视频的过程中，一定要先检查内容，如果发现有水印，可以通过相关软件去除水印之后再上传短视频。

140 视频要足够吸引人

即使是抖音这种追求颜值和拍摄质量的平台，内容也永远是最重要的，因为只有吸引人的高质量内容，才能让人有观看、点赞和评论的欲望。爆款视频，肯定要有好的作品质量来做支撑。

抖音短视频吸引粉丝是一个漫长的过程，所以抖音用户要循序渐进地出一些高质量的视频，学会维持和粉丝的亲密度。多学习一些比较火的视频拍摄手法及选材，相信通过个人的努力，你也能拍摄出火爆的抖音视频。

141 视频标题要这样写

在互联网内容创作中，总是逃不过"标题"这个字眼，处处都是标题，处处都需要一个好标题。抖音运营也一样，永远也逃不过写标题这个话题。抖音的标题能直接决定短视频的多项数据，成败有时候就得看标题。

标题，可以说是抖音运营最重要的板块之一。互联网上关于写标题的方法也很多，五大手法、七大技巧、十大秘籍等，层出不穷。其中不乏一些不错的方法论，在此不再赘述技巧了，重点讨论一下笔者所理解的好标题应该是怎样的，也算是一个思维慢慢地转变。

起初的时候，笔者认为好标题就是要夸张、劲爆，现在看来，这样概括显然是很不负责任的。标题党还好，有的甚至蓄意骗人，制造一些谣言，对于用户是伤害，对于自己是消耗，甚至还有违法违规的风险。

虽然现在这是最常见的标题类型，特别是很多资讯App的娱乐八卦，社会评论类的文章，屡试不爽，但笔者认为这绝对不能称为好标题。夸张博眼球的标题≠好标题。后来笔者认为好标题是利用各种技巧，吸引更多点击，让标题效果最大化。

前文提到的方法，确实都能大大提高标题的点击率，但是笔者觉得貌似过于技巧化，如果只是强行利用各种手段技巧，能出好标题，但也可能是造垃圾。

再后来，笔者认为好标题是能刺激人性，调动情绪，制造场景的。特别是在社交媒体上，这样的标题非常合适。但是，这样理解还是觉得有些差强人意。

怎么办？好标题应该不只是这样，还得再继续完善。所以，笔者基于自己的经验和观察，独家原创了一个4C标题法则，尝试诠释一下我所理解的好标题，让大家也能懂得好标题的一些准则。

这个4C法则不是什么标题绝招，但可以作为一些执行标准，不至于最后写出垃圾标题。所谓4C标题法则，分别对应的是content（内容保障）、communicate（交流沟通）、connect（连接用户）、create（创造话题）。

笔者认为一个好的微信推文标题应该满足这几个点，或者说一个好的标题可以从这几个点着手去做。

1. 好标题需要好内容来支撑

4C标题法则的第一要素就是content（内容保障），这是重中之重，但是往往最容易被忽略，标题党也源于此。没有很好的内容，就无所谓标题的好坏。一定要时刻记住，内容是起决定性作用的，标题只是放大内容影响力。切记：标题的作用是放大，不是无中生有。

如果内容比较差，起一个夸张的标题，那么放大的仅仅是负面效果而已。所以标题的好坏，内容起着至关重要的作用，是一个后盾保障。

笔者曾经说过一个对标题的看法，大致是：我从不反对标题党，没有实质内容只靠标题哗众取宠那才是标题党，而对于有上好内容的文章，再配上一个上好的标题，那就是如鱼得水，算不上是标题党。概括成公式就是：

好内容+好标题=更好；

好内容+差标题=浪费；

差内容+好标题=欺骗；

差内容+差标题=垃圾；

普通内容+好标题=提升；

普通内容+差标题=差劲。

这个公式代表的意义，笔者认为到现在也是适用的。写标题的各种技巧可能一直在变化，但内容对于标题好坏的影响是不变的。

2. 好标题要学会和用户沟通

4C标题法则前面2C是容易忽视的，后面的2C是需要做好的。首先就是communicate（交流沟通），这需要我们足够重视。

标题也是一个抖音电商运营者和用户的沟通交流形式，好标题就像和用户面对面地在进行沟通交流。不一定要华丽的辞藻，文字也不一定要精雕细琢，就是普通的对话，发生在一个个生活场景中。

好比用户就坐在对面，然后两个人沟通交流，比如"你知道吗？""告诉你一个秘密""告诉你一个好消息""自从用了这个"等，好标题不是自卖自夸，而是像在和朋友聊天一样。看看下面这些标题，可以想象这个聊天对话场景。

《你看不上我？好巧，我也是》

《她只用了10分钟，就搞定了500万投资》

《如何在24小时内毫不费力地卖掉你的房子》

《如果你的简历石沉大海，看看这8个秘籍》

《那个经常旷课的学渣同桌，去年挣了1 000万》

《这些悲伤的谎话我每天都在说》

3. 好标题要符合目标用户定位

4C标题法则第二个要素是connect（连接用户），对于这一点，其实很多人都在犯错。不管是好内容，还是好标题，谁说了算？目标用户说了算。有些公众号，标题仅仅只有几个字或者是莫名其妙的一句话，有时候看都看不明白，但打开率却非常高。

比如，公众号"夜听"的推文标题《好久不见》《遇见你》，还有"王左中右"的《永远不要小看女人》，"顾爷"的《我有一个小学同学》《一个真实的朋友》，"槽边往事"的《加机组往事》等。这些标题都非常简单，但同样的标题照搬放在别的地方，可能就阅读量惨淡了。

原因在哪儿？因为这些大号的标题连接的是他们自己的目标用户，所以是好标题。但随意照搬，与用户八竿子打不着，很可能就成差标题。所以，好标题一定是基于目标用户分析而来的，只有足够了解目标用户，知道他们的喜好，才能给出既符合自己定位，又让目标用户喜爱的标题。

这一点一定要注意，好内容是匹配自己的目标用户，好标题同样是要匹配自己的目标用户。标题是基于自己的定位，自己的目标用户在优化，而不是基于别人的标题在优化。不要总说"别人家的孩子"，严格来说，别人家的孩子放在自己家不一定就是好孩子，重点还是学习别人家养孩子的方法，不是吗？

4. 好标题要能够主动创造话题

4C标题法则最后一个就是create（创造话题），我们继续接着前文聊。既然是聊天，肯定不能随意聊，不能做话题终结者，开场一定要吸引目标用户。标题就像开始聊天抛出去的一个饵，饵没有吸引力，哪怕你们是朋友，也会聊不下去。

好标题的意义就在于能聊下去，那么，最好的方法就是能"创造话题"，我们聊天肯定不是东南西北乱跑调，通常都会围绕着一个话题，有了兴趣，才有下文。

我们思考一下，许多关系亲密的人，面对面坐在一起几个小时都没说几句话，各吃各的饭，各做各的事，没事互相尴尬一笑。为什么会这样？因为没有话题，或者找不到共同话题，尬聊是聊不下去的。

好标题也是一样，如果不能创造一个大家感兴趣的话题，就算是内容准备了干货，就算保持了人格化，那也进行不下去。所以标题创造话题很关键，看看下面这些标题，都是话题感十足，如果有人跟我聊天是这么开场的，我马上就想聊一聊。

《在欧洲，有人把手伸进了我的裤子……》

《冒昧地问一下，你有钱回家过年吗？》

《张小龙、雷军、刘强东等10位大佬，最失败的项目是什么？》

《帮忙的尺度：为兄弟两肋插刀或插兄弟两刀》

《因为长得丑，我亏了150万》

《怎样花300元，让这个世界在几百年后还能感受你的温柔》

上面说的各种写标题技巧，在这个环节就起作用了！这些技巧可以让你准备聊的内容，话题性更强、更吸引人。

简单总结一下：笔者所理解的好标题应该是符合4C法则的，否则很容易跑偏。首先，好标题对应的内容是目标用户喜欢的，标题决定了内容的整体曝光，内容也决定了标题的质量；其次，好标题是基于自己目标用户的，"别人家的孩子"并不一定适合自己，别人家的方法反而更需要学习；最后，好标题塑造的是一个面对面沟通的某个生活场景，是抖音电商运营者与目标用户的一次交流。

所以，就要先确认你所要塑造的是一个什么样的人，然后考虑这样一个特定的人应该怎么聊天。最后，好标题需要借助各种技巧、情感、情绪、人性等，创造能吸引人开始聊天的话题，不能一开始就冷场。

142　视频标题的误区

在撰写标题时，抖音运营者还要注意不要走入误区，一旦标题失误，便会对短视频的数据造成不可小觑的影响。本节将从标题容易出现的六大误区出发，介绍如何更好地打造短视频标题。

1. 表述含糊

在撰写标题时，要注意避免为了追求标题的新奇性而出现表述含糊的现象。很多抖音电商运营者会为了使自己的短视频标题更加吸引抖音用户的目光，一味地追求标题上的新奇，这可能会导致标题的语言含糊其辞。

何为表述含糊？所谓"含糊"，是指语言不确定，或者表达方式或表达的含义模棱两可。在标题上表述"含糊"，如果只看标题，那么抖音用户完全不知道抖音电商运营者想要说的是什么，会让抖音用户觉得整个标题都很乱，完全没有重点。

因此，在撰写标题时，抖音电商运营者尤其要注意标题表达的清晰性，重点要明确，要让抖音用户在看到标题的时候，就能知道短视频内容大致讲的是什么。一般来说，要想表述清晰，就要做到、找准内容发布的重点，明确内容中的名词，如人名、地名、事件名等。

2. 无关词汇

一些抖音电商运营者为了让自己的标题变得更加有趣，而使用一些与标题没有多大联系，甚至是根本没有关联的词汇夹杂在标题之中，想以此达到吸引抖音用户注意力的效果。

这样的标题可能在刚开始时能引起抖音用户的注意，抖音用户可能也会被标题所吸引而点击查看内容。但时间一久，抖音用户便会拒绝这样随意添加无关词汇的标题。这样的结果所造成的影响对于一个品牌或者产品来说是长久的。所以，新抖音电商运营者在撰写标题时，一定不要将无关词汇使用到标题中去。

在标题中使用无关的词汇，也有很多种类型，如图11-2所示。

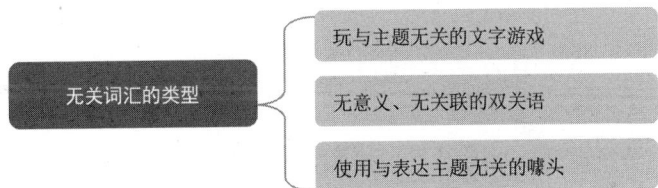

● 图11-2 在新媒体文案标题中使用无关词汇的类型

在标题的撰写中，词汇的使用一定要与文案标题和内容有所关联，抖音电商运营者不能为了追求标题的趣味性就随意乱用无关词汇。而应该学会巧妙地将词汇与文案标题的内容紧密结合，使词汇和标题内容融会贯通，相互照应，只有做到如此，才算得上是一个成功的标题。否则，不仅会对抖音用户造成一定程度的欺骗，也会变成所谓的"标题党"。

3. 负面表达

撰写一个标题，其目的就在于吸引抖音用户的目光，只有标题吸引了抖音用户的注意，抖音用户才会想要去查看短视频的内容。基于这一情况，也让标题出现了一味追求吸睛而大面积使用负面表达的情况。

人天生都愿意接受好的东西，而不愿意接受坏的东西，趋利避害，是人的天性，无法改变。这一情况也提醒着抖音电商运营者，在撰写标题时要尽量避免太过负面的表达方式，而是要用正面的、健康的、积极的方式表达出来，给抖音用户做出一个好的引导。

例如，在表示食用盐时，最好采用"健康盐"的说法，如《教你如何选购健康盐》，要避免使用"对人体有害"这一负面情况的表达，才能让短视频内容和产品更容易被读者所接受。

4. 虚假自夸

抖音电商运营者在撰写标题时，虽说要用到文学中的一些手法，比如，夸张、比喻等，但这并不代表就能毫无上限地夸张，把没有的说成有的，把虚假说成真实。在没有准确数据和调查结果的情况下冒充"第一"，这在标题的撰写中是不可取的。

抖音电商运营者在撰写标题时，要结合自身品牌的实际情况，进行适当的艺术上的描写，而不能随意夸张，胡编乱造。如果想要使用"第一"或者意思与之差不多的词汇，不仅要得到有关部门的允许，还要有真实的数据调查。

如果随意使用"第一"，不仅对自身品牌形象有不好的影响，还会对抖音用户造成欺骗和误导。当然，这也是法律所不允许的。

5. 比喻不当

比喻式的文案标题能将某事物变得更为具体和生动，具有化抽象为具体的强大功能。所以，采用比喻的形式撰写标题，可以让抖音用户更加清楚地理解标题中出现的内容，或者是抖音电商运营者想要表达的思想和情绪。这对于提高短视频的相关数据能起到十分积极的作用。

但是，在标题中运用比喻，也要十分注意比喻是否得当的问题。一些作者在追求用比喻式的文案标题来吸引抖音用户目光的时候，常常会出现比喻不当的错误，也就是指本体和喻体没有太大联系，毫无相关性的情况。

在标题中，一旦比喻不当，抖音用户就很难在文案标题中达到自己想要的效果，那么标题也就失去了它存在的意义。这不仅不能被抖音用户接受和喜爱，还可能会因为比喻不当，让读者产生质疑和困惑，从而影响短视频的传播效果。

6. 强加于人

强加于人，就是将一个人的想法或态度强行加到另一个人身上，不管对方喜不喜欢，愿不愿意。在撰写标题中，"强加于人"就是指抖音运营者将本身或者某一品牌的想法和概念植入标题中，强行灌输给抖音用户，给抖音用户一种气势凌人的感觉。

当一个标题太过气势凌人的时候，抖音用户不仅不会接受该标题所表达的想法，还会产生抵触心理——越是让抖音用户看，抖音用户就越是不会看；越是想让抖音用户接受，抖音用户就越是不接受。

如此循环往复，最后受损失的还是抖音电商运营者自己，或者是某品牌自身。例如，《如果秋冬你只能买一双鞋，那必须是它》《今年过节不受礼，收礼只收洁面仪！》就是"强加于人"的典型标题案例。

143 福利型视频标题

福利型标题是指在标题上向受众传递一种"查看这个短视频你就赚到了"的感觉，让抖音用户自然而然地想要看完短视频。一般来说，福利型标题准确把握了抖音用户贪图利益的心理需求，让抖音用户一看到"福利"的相关字眼就会忍不住想要了解短视频的内容。

福利型标题的表达方法有两种：一种是比较直接的方式；另一种则是间接的表达方式，虽然方式不同，但是效果都相差无几，具体如图11-3所示。

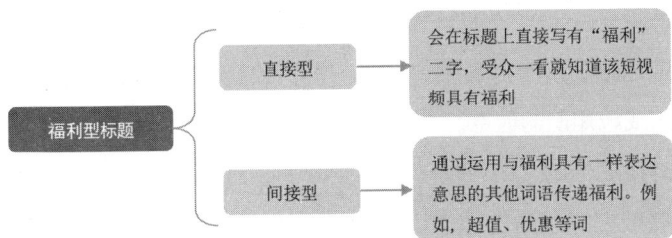

●图11-3 福利型标题的表达方法

值得注意的是，在撰写福利型标题的时候，无论是直接型还是含蓄型，都应该掌握以下3点技巧，如图11-4所示。

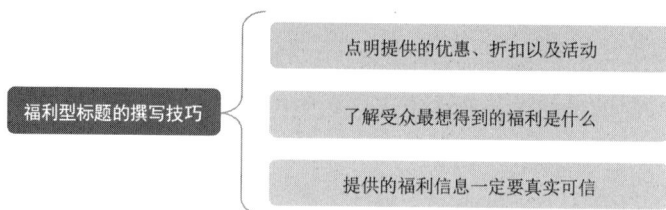

● 图11-4　福利型标题的撰写技巧

这两种类型的福利型标题虽然稍有区别，但本质上都是通过"福利"来吸引受众的眼球，从而提升文章的点击率。福利型标题通常会给受众带来一种惊喜之感，试想，如果短视频标题中或明或暗地指出含有福利，你难道不会心动吗？

福利型标题既可以吸引抖音用户的注意力，又可以为抖音用户带来实际利益，可谓一举两得。当然，在撰写福利型标题的时候也要注意，不要因为侧重福利而偏离了主题，而且最好不要使用太长的标题，以免影响短视频的传播效果。

福利型标题比如：

《新年福利第一波，见者有份！》

《这款超值文具包包你喜欢》

14.4　价值型视频标题

价值型标题是指向抖音用户传递一种只要查看了短视频之后，就可以掌握某些技巧或者知识的信息。

这种类型的标题之所以能够引起受众的注意，是因为抓住了人们想要从短视频中获取实际利益的心理。许多抖音用户都是带着一定的目的刷抖音，要么是希望短视频含有福利，比如，优惠、折扣；要么是希望能够从短视频中学到一些有用的知识。因此，价值型标题的魅力是不可阻挡的。

在打造价值型标题的过程中，往往会遇到这样一些问题，比如，"什么样的技巧才算有价值？""价值型的标题应该具备哪些要素？"等。那么，价值型标题到底应该如何撰写呢？笔者将其经验技巧总结为3点，如图11-5所示。

值得注意的是，在撰写价值型标题时，最好不要提供虚假的信息，比如，"一分钟一定能够学会XX""3大秘诀包你XX"等。价值型标题虽然需要添加夸张的成分在其中，但要把握好度，要有底线和原则。

价值型标题通常会出现在技术类的文案中，主要是为受众提供好用的知识和技巧。抖音用户在看到这种价值型标题时，会更加有动力去查看短视频内容，因为这种类型的标题会让人觉得看完视频之后就能快速掌握相关知识和技巧。

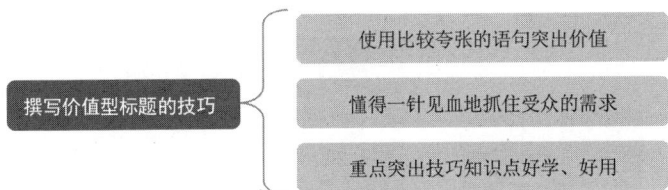

撰写价值型标题的技巧：
- 使用比较夸张的语句突出价值
- 懂得一针见血地抓住受众的需求
- 重点突出技巧知识点好学、好用

● 图11-5　撰写价值型标题的技巧

价值型标题比如：

《从0到1找准你的账号定位，学会这4步快速入门！》

《一包QQ糖就能做出双皮奶，小白也能操作哦！》

145　励志型视频标题

励志型标题最为显著的特点就是"现身说法"，一般是通过第一人称的方式讲故事，故事的内容包罗万象，但总的来说离不开成功的方法、教训以及经验等。

如今很多人都想致富，却苦于没有致富的定位，如果这时给他们看励志型短视频，让他们知道企业是怎样打破枷锁，走上人生巅峰的。他们就很有可能对带有这类标题的内容感到好奇，因此这样的标题结构就会看起来具有独特的吸引力。励志型标题模板主要有两种，如图11-6所示。

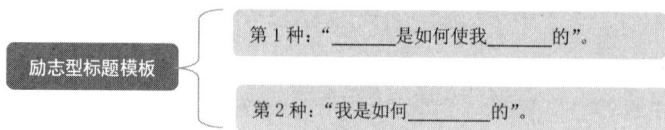

● 图11-6　励志型标题的两种模板

励志型标题的好处在于煽动性强，容易制造一种鼓舞人心的感觉，激发抖音用户的欲望，从而提升短视频的完播率。

那么，打造励志型的标题是不是单单依靠模板就好了呢？答案是否定的，模板固然可以借鉴，但在实际的操作中，还是要根据内容的不同而研究特定的励志型标题。总的来说，有3种经验技巧可供借鉴，如图11-7所示。

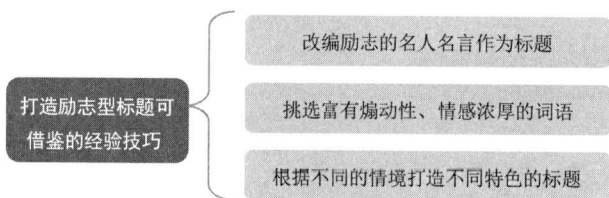

● 图11-7　打造励志型标题可借鉴的经验技巧

一个成功的励志型标题不仅能够带动受众的情绪，而且还能促使抖音用户对短视频产生极大的兴趣。励志型标题一方面是利用抖音用户想要获得成功的心理；另一方面则是巧妙掌握了情感共鸣的精髓，通过带有励志色彩的字眼来引起受众的情感共鸣，从而成功吸引受众的眼球。

励志型标题比如：

《一个简单的点子是如何使我快速成为公司经理的》

《我是如何将一个问题企业变成我的个人财富的》

146　冲击型视频标题

不少人认为，"力量决定一切"。这句话虽带有太绝对化的主观意识在其中，但还是有着一定的道理。其中，冲击力作为力量范畴中的一员，在抖音短视频标题撰写中有着它独有的价值和魅力。

所谓"冲击力"，即带给人在视觉和心灵上触动的力量，它也是引起抖音用户关注的关键。

在具有冲击力的标题撰写中，要善于利用"第一次"和"比……还重要"等类似具有极端性特点的词汇——因为受众往往比较关注那些具有特别突出特点的事物，而"第一次"和"比……更重要"等词汇是最能充分体现其突出性的，往往能带给受众强大的戏剧冲击感和视觉刺激感。

冲击型标题比如：

《第一次带男朋友回家，我比他还紧张！》

《都是第一次做人，我凭什么让着你！》

《有时候，有这么一个知心朋友比家人还重要！》

147　揭露型视频标题

揭露真相型标题是指为受众揭露某件事物不为人知的秘密的一种标题。大部分人都会有一种好奇心和八卦心理，而这种标题恰好可以抓住受众的这种心理，从而给受众传递一种莫名的兴奋感，充分引起受众的兴趣。

抖音电商运营者可以利用揭露真相型标题做一个长期的专题，从而达到一段时间内或者长期凝聚受众的目的。而且，这种类型的标题比较容易打造，只需把握三大要点即可，如图11-8所示。

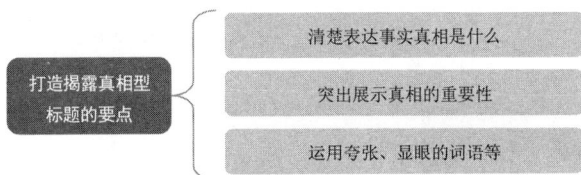

● 图11-8　打造揭露真相型标题的要点

揭露真相型标题，最好在标题中显示出冲突性和巨大的反差，这样可以有效吸引受众的注意力，使得受众认识到文章内容的重要性，从而愿意主动查看视频，提升视频的点击率和完播率。

揭露真相型标题其实和建议型标题有不少相同点，因为都提供了具有价值的信息，能够为受众带来实际的利益。当然，所有的标题形式实际上都一样，都带有自己的价值和特色，否则也无法吸引受众的注意，更别提让抖音用户为视频的点击率做出贡献了。

揭露真相型标题，比如：

《晕车的朋友，你知道自己为什么晕车吗？》

《这个行业内幕说出来你可能会崩溃！》

《你永远不知道你的女朋友为什么生气！》

148　悬念型视频标题

好奇是人的天性，悬念型标题就是利用人的好奇心来打造的，首先；抓住受众的眼球；其次提升受众的阅读兴趣。

标题中的悬念是一个诱饵，引导抖音用户查看短视频的内容，因为大部分人看到标题里有没被解答的疑问和悬念，就会忍不住进一步弄清楚到底怎么回事。这就是悬念型标题的套路。

悬念型标题在日常生活中运用得非常广泛，也非常受欢迎。人们在看电视、综艺节目的时候会经常看到一些节目预告之类的广告，这些广告就采取这种悬念型的标题引起观众的兴趣。利用悬念撰写标题的方法通常有4种，如图11-9所示。

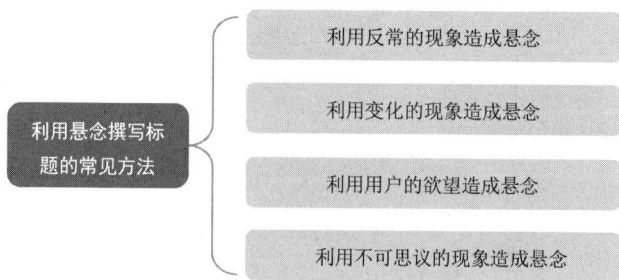

利用悬念撰写标题的常见方法

- 利用反常的现象造成悬念
- 利用变化的现象造成悬念
- 利用用户的欲望造成悬念
- 利用不可思议的现象造成悬念

● 图11-9　利用悬念撰写标题的常见方法

悬念型标题的主要目的是为了增加短视频的可看性，因此抖音电商运营者需要注意的是，使用这种类型的标题，一定要确保短视频内容确实能够让抖音用户感到惊奇、充满悬念。不然就会引起受众的失望与不满，继而让抖音用户对你的抖音号产生质疑。

悬念型标题是深受众多抖音运营者青睐的标题形式之一，它的效果也是有目共睹的。如果不知道怎么取标题，悬念型标题是一个很不错的选择。

文案的悬念型标题仅仅只是为了悬念，这样一般只能够博取大众1~3次的眼球，很难保留长时间的效果。如果内容太无趣、无法达到文案引流的目的，那就是一篇失败的文案，会导致文案营销的活动也随之泡汤。

因此，写手在设置悬念型标题的时候，需要非常慎重，最好是有较强的逻辑性，切忌为了标题走钢索，而忽略了文案营销的目的和文案本身的质量。悬念型标题是运用比较频繁的一种标题形式，很多短视频都会采用这一标题形式来引起受众的注意力，从而达到较为理想的营销效果和传播效果。

悬念型标题，比如：

《难怪味道不对，原来是这样的！》

《万万没想到，丈母娘竟然会这么对我！》

《没想到我竟然被妹妹上了一课！》

149 借势型视频标题

借势是一种常用的标题制作手法，借势不仅完全是免费的，而且效果还很可观。借势型标题是指标题借助社会上一些事实热点、新闻的相关词汇来给短视频造势，增加点击量。

借势一般都是借助最新的热门事件吸引受众的眼球。一般来说，事实热点拥有一大批关注者，而且传播的范围也非常广，抖音短视频标题借助这些热点就可以让抖音用户搜索到该短视频，从而吸引用户查看短视频的内容。

那么，在创作借势型标题的时候，应该掌握哪些技巧呢？笔者认为，可以从以下3个方面来努力，如图11-10所示。

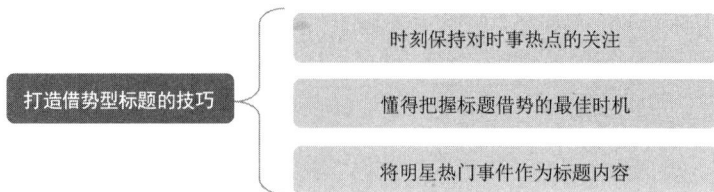

● 图11-10　打造借势型标题的技巧

2019年，中华人民共和国成立70周年之际，电影《我和我的祖国》热播，并快速引来大量观众的热议。正是因为这一点，许多抖音运营者在标题制作时借助该热点，如图11-11所示。

● 图11-11　借助电影《我和我的祖国》的标题

值得注意的是，在打造借势型标题的时候，要注意以下两个问题：

一是带有负面影响的热点不要蹭，大方向要积极向上，充满正能量，带给受众正确的思想引导。

二是最好在借势型标题加入自己的想法和创意，然后将发布的短视频与之相结合，做到借势和创意的完美同步。

150　警告型视频标题

警告型标题常常通过发人深省的内容和严肃深沉的语调，给受众以强烈的心理暗示，从而给抖音用户留下深刻印象。尤其是警告型的新闻标题，常常被很多抖音电商运营者所追捧和模仿。

警告型标题是一种有力量且严肃的标题，就是通过标题给人以警醒作用，从而引起抖音用户的高度注意，它通常会将以下3种内容移植到短视频标题中，如图11-12所示。

那么，警告型标题应该如何构思打造呢？很多人只知道警告型标题能够起到比较显著的影响，容易夺人眼球，但具体如何撰写却是一头雾水。笔者在这里分享3点技巧，如图11-13所示。

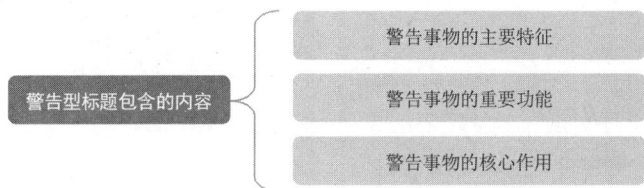

● 图11-12　警告型标题包含的内容

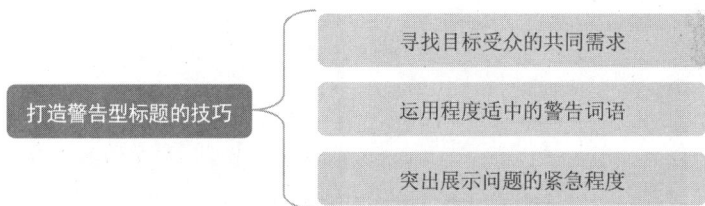

● 图11-13　打造警告型标题的技巧

在运用警告型标题时，需要注意运用的文章是否恰当，因为并不是每一个抖音短视频都可以使用这种类型的标题的。

这种标题形式运用得恰当，则能加分，起到其他标题无法替代的作用。运用不当的话，很容易让抖音用户产生反感情绪或引起一些不必要的麻烦。因此，抖音电商运营者在使用警告型标题的时候要谨慎小心，注意用词恰当与否，绝对不能草率行文，不顾内容胡乱取标题。

警告型标题可以应用的场景很多，无论是技巧类的短视频内容，还是供大众娱乐消遣的娱乐八卦新闻，都可以用到这一类型的标题形式。如图11-14所示为带有警告型标题的抖音视频。

第一个视频中的"注意"是关键词，让抖音用户一眼就锁定，从而产生阅读的兴趣；而第二个视频中的"警惕"，既起到了警告受众的作用，又吸引了受众阅读文章内容。

选用警告型标题这一标题形式，主要是为了提升抖音用户的关注度，大范围地传播短视频。因为警告的方式往往更加醒目，触及抖音用户的利益，如果这样做可能会让你的利益受损，那么可能本来不想看的抖音用户，也会点击查看。因为涉及自身利益的事，抖音用户都是最关心的。

● 图11-14　警告型标题

151　观点型视频标题

观点型标题，是以表达观点为核心的一种标题撰写形式，一般会在标题上精准到人，并且把人名镶嵌在标题中。值得注意的是，这种类型的标题还会在人名的后面表达对某件事的个人观点或看法。

观点型标题比较常见，而且可使用的范围比较广泛，常用公式有以下5种，如图11-15所示。

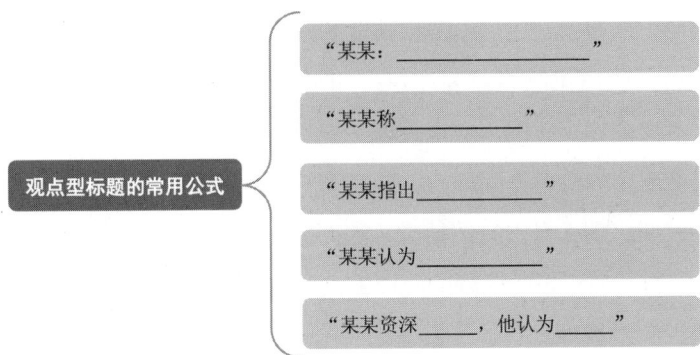

● 图11-15　观点型标题的常用公式

当然，公式是一个比较刻板的东西，在实际的标题撰写过程中，不可能完全按照公式来做，只能说它可以为我们提供大致的方向。那么，在撰写观点型标题时，有哪些经验技巧可以借鉴呢？笔者做了一些总结，如图11-16所示。

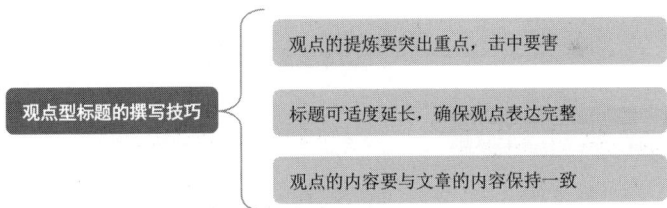

● 图11-16　观点型标题的撰写技巧

观点型标题的好处在于一目了然，"人物+观点"的形式往往能在第一时间引起抖音用户的注意，特别是当人物的名气比较大时，从而更好地提升视频的点击率和完播率。

152　独家型视频标题

独家型标题，也就是从标题上体现抖音电商运营者所提供的信息是独有的珍贵资源，值得抖音用户点击和转发的感觉。独家型标题往往也暗示着内容的珍贵性，因此撰写者需要注意，如果标题使用的是带有独家性质的形式，就必须保证短视频的内容也是独一无二的。

从抖音用户的心理方面而言，独家型标题所代表的内容一般会给人一种自己率先获知、别人所没有的感觉，因而在心理上更容易获得满足。在这种情况下，好为人师和想要炫耀的心理就会驱使受众转发短视频，成为视频潜在的传播源和发散地。

独家型标题会给受众带来独一无二的荣誉感，同时还会使得短视频内容更加具有吸引力，那么，在撰写这样的标题时，我们应该怎么做呢？是直接点明"独家资源，走过路过不要错过"，还是运用其他的方法来暗示抖音用户这则短视频的内容是与众不同的呢？

在这里，笔者提供3点技巧，如图11-17所示。希望可以帮助大家成功打造出夺人眼球的独家型标题。

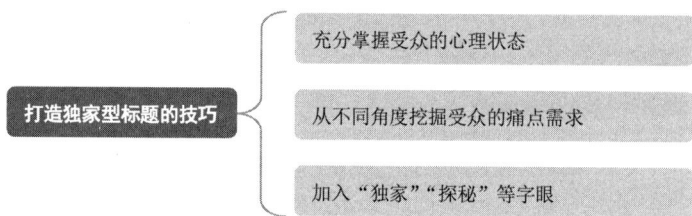

打造独家型标题的技巧	充分掌握受众的心理状态
	从不同角度挖掘受众的痛点需求
	加入"独家""探秘"等字眼

● 图11-17　打造独家型标题的技巧

使用独家型标题的好处在于可以吸引到更多的受众，让抖音用户觉得短视频内容比较珍贵，从而主动宣传和推广，达到广泛传播的效果。如图11-18所示为独家型标题的典型案例。

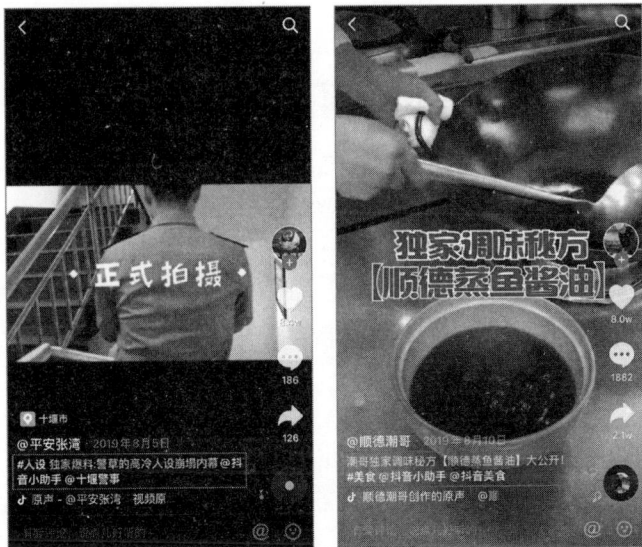

● 图11-18 独家型标题的案例

153 数字型视频标题

数字型标题是指在标题中呈现出具体的数字，通过数字的形式来概括相关的主题内容。数字不同于一般的文字，它会带给抖音用户比较深刻的印象，与抖音用户的心灵产生奇妙的碰撞，很好地吸引抖音用户的好奇心理。

在软文中采用数字型标题有不少好处，具体体现在3个方面，如图11-19所示。

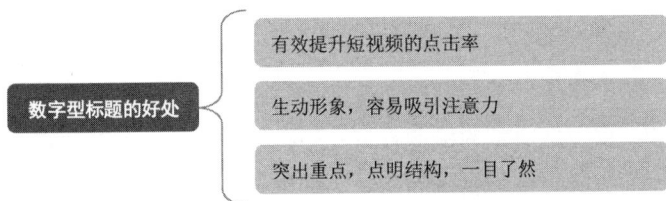

● 图11-19 数字型标题的好处

值得注意的是，数字式标题也很容易打造，因为它是一种概括性的标题，只要做到以下3点就可以撰写出来，如图11-20所示。

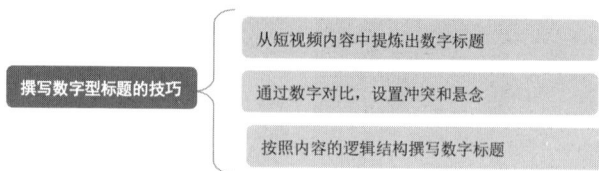

• 图11-20　撰写数字型标题的技巧

此外，数字型标题还包括很多不同的类型，比如时间、年龄等，具体来说可以分为3种，如图11-21所示。

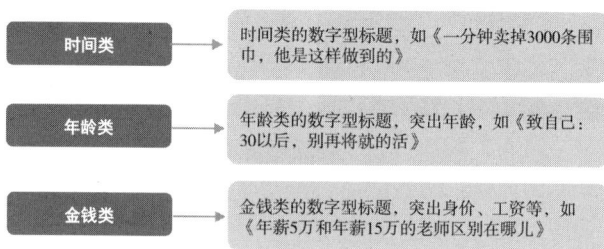

• 图11-21　数字型标题的类型

数字式标题比较常见，它通常会采用悬殊的对比、层层递进等方式呈现，目的是为了营造一个比较新奇的情景，对受众产生视觉上和心理上的冲击。

事实上，很多内容都可以通过具体的数字总结和表达，只要把重点突出的内容提炼成数字即可。同时还要注意：在打造数字型标题时，最好使用阿拉伯数字，统一数字格式，尽量把数字放在标题前面。

154　急迫型视频标题

很多人或多或少都会有一点拖延症，总是需要在他人的催促下才愿意动手做一件事。富有急迫感的标题就有一种类似于催促受众赶快查看短视频的意味在里面，它能够给抖音用户传递一种紧迫感。急迫型标题，是促使受众行动起来的最佳手段，而且也是切合受众利益的一种标题打造方法。

使用急迫型标题时，往往会让抖音用户产生现在就会错过什么的感觉，从而立刻查看短视频。那么，这类标题具体应该如何打造呢？笔者将其相关技巧进行了总结，如图11-22所示。

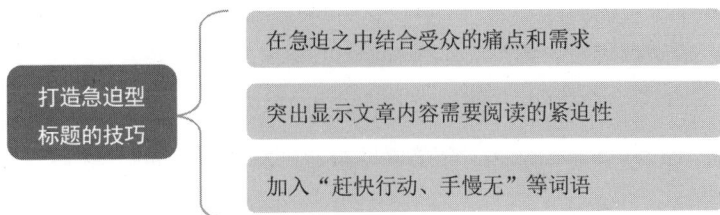

打造急迫型
标题的技巧

在急迫之中结合受众的痛点和需求

突出显示文章内容需要阅读的紧迫性

加入"赶快行动、手慢无"等词语

● 图11-22　打造急迫型标题的技巧

急迫型标题，比如：

《要想做最靓的崽，你就赶快行动起来！》

《第2件只需1元，手慢无！》

155　帅哥美女类视频

为什么"高颜值"帅哥美女的视频会受到抖音用户的欢迎？这主要是因为帅哥美女看着就让人赏心悦目，所以有帅哥美女的抖音视频会更加容易获得抖音用户的关注。

根据2020年2月初的数据显示，抖音粉丝排行第一名是"陈赫"，第二名是"Dear-迪丽热巴"，他们的粉丝数量都超过了5 500万，如图11-23所示。不可否认的是，这两人的颜值都比较高，而且他们获得的点赞数据都超过了1亿，这说明粉丝的黏性非常高，非常活跃。

● 图11-23　"高颜值"的主播非常容易吸粉

在他们后面，粉丝数前十的还包括Angelababy和郭聪明。也就是说，抖音粉丝前十的账号，"高颜值"类的就占据了半壁江山。

由此可见，颜值是抖音营销的一大利器。只要长得好看，即便没有过人的技能，随便唱唱歌、跳跳舞拍个视频也能吸引一些粉丝。

这一点其实很好理解，毕竟谁都喜欢好看的东西。很多人之所以刷抖音，并不是想通过抖音学习什么，而是借助抖音打发时间，他们觉得看一下帅哥、美女本就是一种享受。

156 呆萌可爱类视频

萌往往和"可爱"这个词对应。所以，许多抖音用户在看到萌的事物时，都会忍不住多看几眼。在抖音中，根据展示的对象，可以将萌分为3类，一是萌娃；二是萌宠；三是萌妹子。下面就来分别进行分析。

1. 萌娃

萌娃是深受抖音用户喜爱的一个群体。萌娃本身就很可爱了，而且他们的一些行为举动也让人觉得非常有趣。所以，与萌娃相关的视频，很容易的就能吸引许多抖音用户的目光。

2. 萌宠

萌不是人的专有名词，小猫、小狗等可爱的宠物也是很萌的。许多人之所以养宠物，就是觉得萌宠们特别的惹人怜爱。如果能把宠物日常生活中惹人怜爱、憨态可掬的一面通过视频展现出来，就能吸引许多抖音用户，特别是喜欢萌宠的抖音用户前来围观。

也正因如此，抖音上兴起了一大批萌宠"网红"。例如，"会说话的刘二豆"抖音粉丝数超过4 400万，内容以记录两只猫在生活中遇到的趣事为主，视频中经常出现快手抖音上的"热梗"，配以"戏精"主人的表演，给人以轻松愉悦之感，如图11-24所示。

●图11-24 "会说话的刘二豆"发布的抖音短视频

3. 萌妹子

萌妹子们的身上会自带一些标签，如爱撒娇、天然呆、温柔、容易害羞等。在这些标签的加持之下，快手抖音用户在看到视频中的萌妹子时，往往都会心生怜爱和保护之情。

抖音上的各种萝莉都非常火，如她们不仅有着非常性感迷人的身材，而且风格很二次元，经常穿着"lo服"，甜美的造型加上萌妹的身材，很受宅男网友的欢迎。例如，"蔡萝莉"凭借着好身材、高颜值以及COS（Costume的简略写法，指角色扮演）各种类型人物，在快手、抖音上受到了极大关注。

157 才艺展示类视频

才艺包含的范围很广，除了常见的唱歌、跳舞之外，还包括摄影、绘画、书法、演奏、相声、脱口秀等。只要视频中展示的才艺足够独特，并且能够让抖音用户觉得赏心悦目，那么，视频很容易就能上热门。下面，笔者分析和总结了一些抖音"大V"们的不同类型的才艺内容，看看他们是如何成功的？

1. 演唱才艺

例如，"摩登兄弟"组合中的刘宇宁不仅拥有较高的颜值，而且歌声非常好听，还曾在各种歌唱节目中现身，展示非凡的实力。这也让摩登兄弟从默默无闻到拥有了超过3 000万抖音粉丝。

2. 舞蹈才艺

"代古拉K"给抖音用户留下深刻记忆的除了她动感的舞蹈，还有单纯美好的甜美笑容。"代古拉K"的真名叫代佳莉，是一名职业舞者，她拍的舞蹈视频很有青春活力，给人朝气蓬勃、活力四射的感觉，跳起舞来更是让人心旌荡漾。

才艺展示是塑造个人IP的一种重要方式。而IP的塑造，又可以吸引大量精准的抖音粉丝，为IP的变现提供良好的前景。因此，许多拥有个人才艺的抖音运营者，都注重通过才艺的展示来打造个人IP。

3. 演奏才艺

对于一些学乐器的，特别是在乐器演奏上取得了一定成就的抖音运营者来说，展示演凑才艺类的视频内容只要足够精彩，便能快速吸引大量抖音用户的关注，轻松上热门。

158 技能妙招类视频

许多抖音用户是抱着猎奇的心态刷短视频的。那么，什么样的内容可以吸引这些抖音用户呢？其中一种就是技能传授类的内容。

为什么呢？因为抖音用户看到视频中展示自己没有掌握的技能时，会觉得非常惊奇。技能包含的范围比较广，既包括各种绝活，也包括一些小技巧。

很多技能都是长期训练之后的产物，普通抖音用户不能轻松地掌握。其实，除了难以掌握的技能之外，抖音运营者也可以在视频中展示一些抖音用户学得会、用得着的技能。比如，许多爆红抖音的技能便属于此类，如图11-25所示。

与一般的内容不同，技能类的内容能让一些抖音用户觉得像是一个新大陆。因为此前从未见过，所以，会觉得特别新奇。如果觉得视频中的技能在日常生活中用得上，就会进行收藏，甚至将视频转发给自己的亲戚朋友。因此，只要你在视频中炫的技能在抖音用户看来是实用的，那么，播放量通常会比较高。

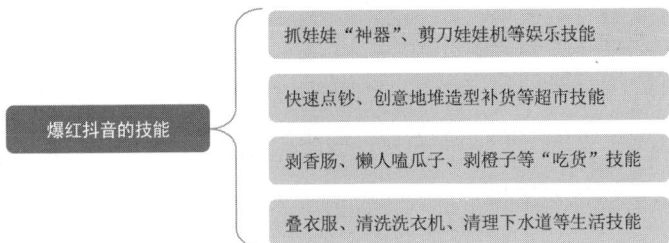

●图11-25　爆红抖音的技能示例

159　美食美景类视频

关于"美"的话题，从古至今，有众多与之相关的，如沉鱼落雁、闭月羞花、倾国倾城等，除了表示其漂亮外，还附加了一些漂亮所引发的效果在内。可见，颜值高，还是有着一定影响力的，有时甚至会起决定作用。

这一现象同样适用于抖音内容打造。当然，这里的"美"并不仅仅是指人，它还包美景、美食等。抖音运营者可以通过在短视频中将美景和美食进行展示，让抖音用户共同欣赏，如图11-26所示。

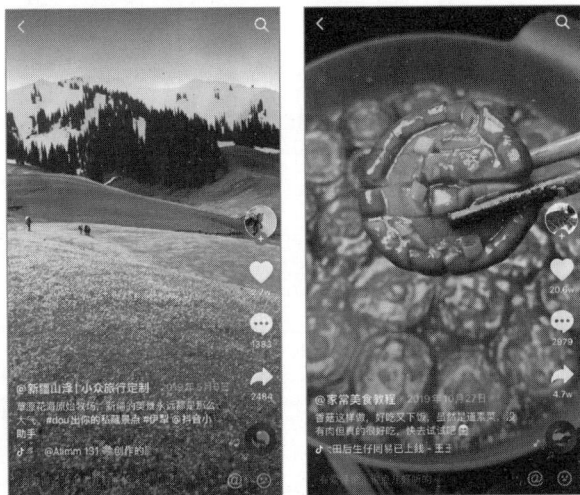

●图11-26　美景和美食视频示例

从人的方面来说，除了先天条件外，想要变美，有必要在自己所展现出来的形象和妆容上下功夫：让自己看起来显得精神，有神采，而不是一副颓废的样子，这样也能明显提升颜值。

从景物、食物等方面来说，完全可以通过其本身的美再加上高深的摄影技术来实现，如精妙的画面布局、构图和特效等，就可以打造一个高推荐量、播放量的短视频文案。

160　信息普及类视频

有时候专门拍摄短视频内容比较麻烦，如果快手、抖音运营者能够结合自己的兴趣爱好和专业打造短视频内容，就一些大众都比较关注的内容进行信息的普及，那么，短视频的制作就会变得容易很多。而且如果抖音用户觉得你普及的内容具有收藏价值，也会很乐意给你的短视频点赞。

例如，酷狗音乐主要是对音乐进行普及；手机摄影构图大全主要是对摄影技巧进行普及。因为音乐和摄影都有广泛的受众，而且其分享的内容对于抖音用户也比较有价值。因此，这两个抖音号发布的短视频内容都得到了不少抖音用户的支持，如图11-27所示。

●图11-27　普及推广型短视频

161 幽默搞笑类视频

幽默搞笑类的内容一直都不缺观众。许多抖音用户之所以经常刷抖音，主要就是因为抖音中有很多短视频内容能够逗人一笑。所以，那些内容笑点十足的短视频内容，很容易在快手、抖音中被引爆。

如图11-28所示的抖音短视频中，账号运营者选取了熊二、光头强和原始人打斗地主的画面，这些画面看上去就已经比较搞笑了，再加上运营者视频中根据这些画面，进行了方言的高效配音。因此，许多抖音用户看到这条短视频之后，都会忍不住大笑一场。

●图11-28 幽默搞笑型短视频

162 知识输出类视频

如果看完你的短视频之后，能够获得一些知识。那么，抖音用户自然会对你发布的短视频感兴趣。

许多人觉得化学这门课程学习起来比较难，也很难对它产生兴趣。而向波老师便是结合世间万物将化学知识进行输出，让原本枯燥的课程变得具有趣味性。所以，其发布的抖音短视频很容易地吸引了大量抖音用户。图11-29所示为向波老师发布的相关抖音短视频。

● 图11-29　向波老师发布的相关抖音短视频

第12章

抖音直播：近距离实现产品营销推广

抖音直播是一种直接面对抖音用户进行推广的营销方式。正是因为它是直接面对抖音用户的，所以可以很好地拉近与抖音用户之间的距离。

那么，具体如何做好抖音直播呢？本章重点回答这个问题。

要点展示：

➤ 抖音直播的开通方式   ➤ 提高主播自身的基本素养

➤ 抖音直播的主要入口   ➤ 积极回答观众的问题

➤ 开抖音直播的具体步骤   ➤ 掌握抖音直播的说话技巧

➤ 直播中常见问题的解决   ➤ 打造个人的直播特色

➤ 建立专业的抖音直播间   ➤ 熟悉直播卖货的原则

➤ 设置一个吸睛的直播封面   ➤ 了解直播卖货的技巧

➤ 选择符合直播主题的内容   ➤ 避免陷入直播的雷区

163　抖音直播的开通方式

在抖音平台中，如果要实现获利，一定要用好视频和直播。而相比于视频，直接面对抖音用户的直播，会更容易受到部分抖音用户的欢迎。因此，如果主播和抖音账号运营者能够做好抖音直播，就能获得惊人的"吸金"能力。

抖音直播获利的基础是开通抖音直播变现功能。其实，抖音直播获利开通起来很简单，抖音运营者只需进行实名认证即可。实名认证完成后，如果系统发来系统通知，告知你已获得开通抖音直播的资格，就说明抖音直播功能开通成功了，如图12-1所示。

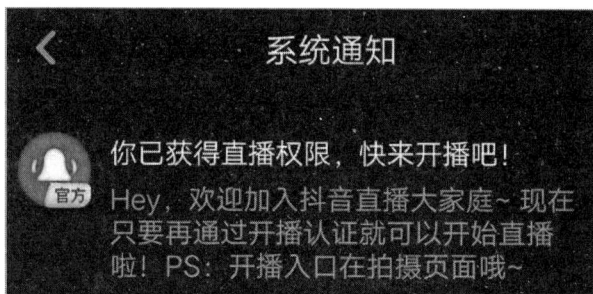

● 图12-1　获得开通抖音直播的系统通知

164　抖音直播的主要入口

近年来，直播已经成为一种热门的内容传播形式。抖音有直播功能，这一点相信所有抖音运营者都知道。那你知道抖音直播有几个入口吗? 下面就带大家看一看。

1."关注"界面

"关注"界面中如果有抖音账号的头像下方出现"直播中"这3个字，那么，只需点击头像即可进入直播间，如图12-2所示。

• 图12-2　从"关注"界面进入直播间

2."推荐"界面

如果你在"推荐"界面中，看到某个抖音账号头像上方有"直播"这两个字，那么，只需点击其头像，即可直接进入直播间，如图12-3所示。

• 图12-3　从"推荐"界面进入直播间

3."同城"界面

抖音推荐分为两种：一种是全平台的推荐；另一种是同城推荐。通常来说，同城推荐界面的左上方位置会推荐直播内容，抖音用户只需点击其所在的位置，即可直接进入直播间，如图12-4所示。

● 图12-4　从同城推荐界面进入直播间

4. 直播广场界面

在"首页"界面的左上方有一个"LIVE"按钮，抖音用户只需点击该按钮即可进入某个直播间，如图12-5所示。当然，此时看到的只是系统随机推荐的一个直播间的内容。

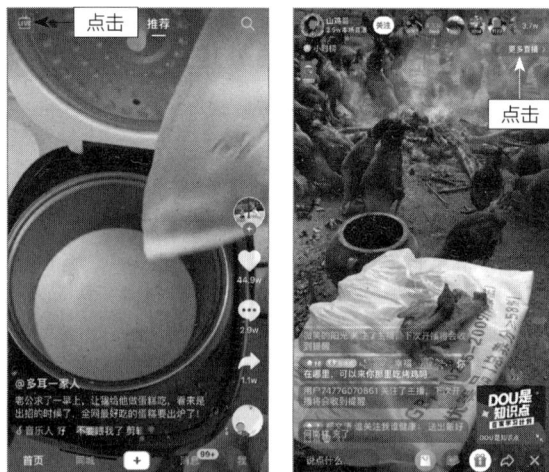

● 图12-5　从"首页"界面进入直播间

除此之外，抖音用户还可点击直播右上方的"更多直播"按钮，进入直播广场界面，如图12-6所示。直播广场会对部分直播进行展示，抖音用户只需点击对应直播所在的位置，即可进入其直播间，查看直播内容，如图12-7所示。

● 图12-6　直播广场界面　　● 图12-7　从直播广场进入直播间

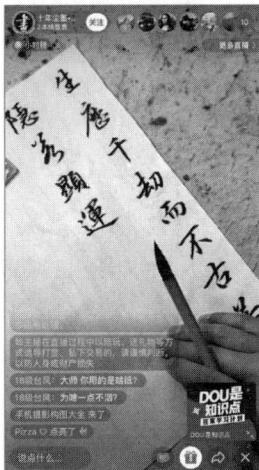

165　开抖音直播的具体步骤

对于抖音运营者来说，抖音直播是促进商品销售一种直接而又重要的方式。那么，究竟如何开抖音直播呢？下面就对开直播的方法流程进行简单的说明。

步骤01　登录抖音短视频App，进入视频拍摄界面，❶点击界面中的"开直播"按钮，进入直播设置界面；❷点击右侧的"带货"按钮，如图12-8所示。抖音运营者可以在直播设置界面上方设置直播封面和标题。当然，此前开过直播的抖音号，系统会默认显示之前的直播封面和标题。抖音运营者也可以选择直接使用默认的直播封面和标题。

步骤02　进入如图12-9所示的"选择直播商品"界面，在该界面中❶勾选需要添加的商品；❷点击"完成"按钮。需要注意的是，该界面中出现的商品来自于账号的商品橱窗，如果大家需要添加其他商品，应先将商品添加至商品橱窗。

● 图12-8　直播设置界面

● 图12-9　"选择直播商品"界面

步骤**03**　操作完成后，返回"直播设置"界面，此时"商品"所在的位置会显示添加的商品数量。确认商品添加无误后，点击"开启视频直播"按钮，如图12-10所示。

步骤**04**　进入直播倒计时。完成倒计时后，即可进入直播界面，如图12-11所示。

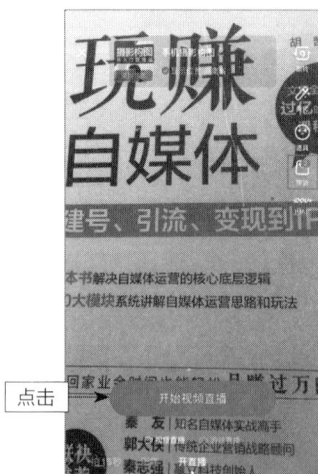

● 图12-10　点击"开始视频直播"按钮

● 图12-11　进入直播界面

166 直播中常见问题的解决

在直播的过程中，我们可能会遇到直播没声音、卡屏等问题，那么这些问题怎么解决呢？我们可以通过以下操作找到解决方法。

步骤01 从抖音主页中进入"设置"界面，选择界面中的"反馈与帮助"选项，如图12-12所示。

步骤02 进入"反馈与帮助"界面，选择界面中的"直播（直播权限申请、直播其他问题、充值提现）"选项，如图12-13所示。

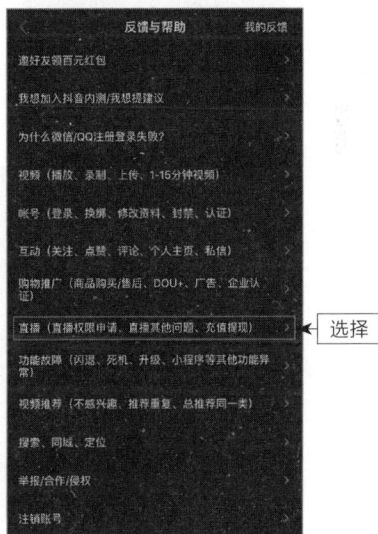

● 图12-12 "设置"界面   ● 图12-13 "反馈与帮助"界面

步骤03 进入直播问题反馈与帮助界面，选择界面中的"主播开直播"选项，如图12-14所示。

步骤04 进入主播开直播的反馈与帮助界面，如图12-15所示。该界面中会显示一些与开直播相关的问题。抖音运营者只需选择对应的问题选项，就可以了解问题的解决方法。

例如，选择"为什么直播时没有声音？"选项，即可进入问题解答界面，如图12-16所示。

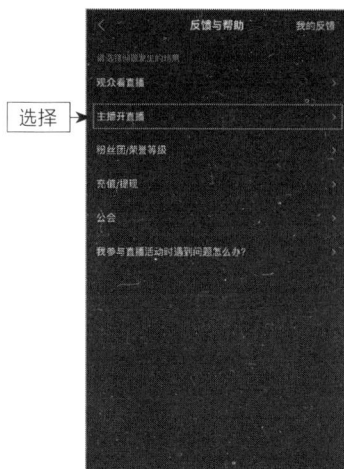

● 图12-14　直播问题反馈与
　　　　　　帮助界面

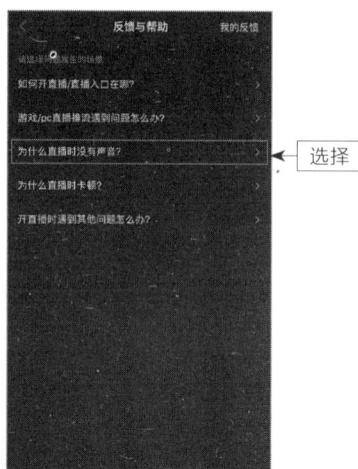

● 图12-15　主播开直播的问题反馈与
　　　　　　帮助界面

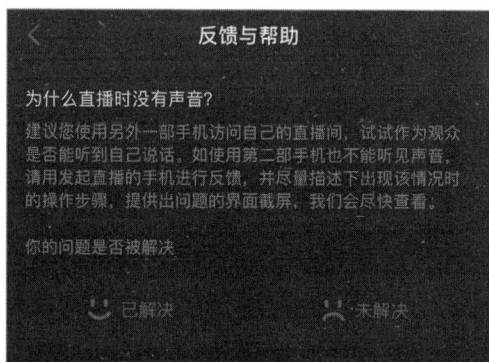

● 图12-16　直播时没有声音问题的解答界面

167　建立专业的抖音直播间

要建立一个专业的直播空间，主要包括以下几个方面。

● 直播室要有良好稳定的网络环境，保证直播时不会掉线和卡顿，影响用户的观看体验。如果是在室外直播，建议选择不限流量的网络套餐。

● 购买一套好的电容麦克风设备，给用户带来更好的音质效果，同时也将自己的真实声音展现给他们。

● 购买一个好的手机外置摄像头，让直播效果更加高清，给用户留下更好的外在形象，当然也可以通过美颜等效果来给自己的颜值加分。

其他设备还需要准备桌面支架、三脚架、补光灯、手机直播声卡以及高保真耳机等。例如，直播补光灯可以根据不同的场景调整画面亮度，具有美颜、亮肤等作用。手机直播声卡可以高保真收音，无论是高音或低音都可以还原更真实，让你的歌声更加出众。

168　设置一个吸睛的直播封面

如果抖音直播的封面图片设置得好，就能为各位主播吸引更多的粉丝观看。目前，抖音直播平台上的封面都是以主播的个人形象照片为主，背景以场景图居多。抖音直播封面没有固定的尺寸，不宜过大也不要太小，只要是正方形等比都可以，但画面要做到清晰美观。

169　选择适合直播的主题内容

抖音直播的内容目前以音乐、游戏和户外为主，不过也有其他类型的直播内容，如美妆、美食、"卖萌"以及一些生活场景直播等。从抖音的直播内容来看，都是根据抖音社区文化衍生出来的，而且也比较符合抖音的产品气质。

在直播内容中，以音乐为切入点可以更快地吸引粉丝关注，在更好地传播好音乐的同时，也可以让主播与粉丝同时享受到近距离接触的快感。

170　提高主播自身的基本素养

一个主播的基本修养主要包括3个方面：专业能力、语言能力和心理素质。本节将分别进行说明。

1. 专业能力

想要成为一名具有超高人气的主播，必不可少的就是专业能力。在竞争日益激烈的直播行业，主播只有培育好自身的专业能力，才能在直播这片肥沃的土壤上扎根。

（1）个人才艺

首先，主播应该具备各种各样的才艺，让观众眼花缭乱，为之倾倒。才艺的范围十分广泛，包括唱歌、跳舞、乐器表演、书法绘画和游戏竞技等。

只要你的才艺让用户耳目一新，能够引起他们的兴趣，并为你的才艺一掷千金，那么，你的才艺就是成功的。

在抖音直播平台上，有不计其数的主播，大多数主播都拥有自己独有的才艺。谁的才艺好，谁的人气自然就高。如图12-17所示为主播在展示歌唱才艺。

● 图12-17　主播展示歌唱才艺

无论是什么才艺，只要是积极且充满正能量的，能够展示自己的个性的，就会助主播一臂之力。

（2）言之有物

一个主播想要得到用户的认可和追随，那么他一定要有清晰且明确的三观，这样说出来的话才会让用户信服。如果主播的观点既没有内涵，又没有深度，那么这样的主播是不会获得用户长久的支持的。

那么，应该如何做到言之有物呢？首先，主播应树立正确的价值观，始终保持自己的本心，不空谈，不扯淡。其次，还要掌握相应的语言技巧。主播在直播时，必须具备的语言要素包括亲切的问候语、通俗易懂和流行时尚。最后，主播要有自己专属的观点。只有将三者相结合，主播才能达到言之有物的境界，从而获得专业能力的提升。

（3）专精一行

俗话说，"三百六十行，行行出状元"。作为一名主播，要想成为直播界的状元，最基本的就是要拥有一门最为擅长的技能。一个主播的主打特色就是由他的特长支撑起来的。

比如，有人乐器弹奏水平很高，于是他专门展示自己的弹奏技能；有人是舞蹈专业出身，对舞蹈又十分热爱，于是她在直播中展示自己曼妙的舞姿；有人天生有一副好嗓子，于是他在直播中与人分享自己的歌声。

只要精通一门专业技能，行为谈吐接地气，那么月收入上万元也就不是什么难事。当然，主播还要在直播之前做足功课，准备充分，才能将直播有条不紊地进行下去，最终获得良好的反响。

（4）聚焦痛点

在主播培养专业能力的道路上，有一点极为重要，即聚焦用户的痛点痒点。主播要学会在直播的过程中，寻找用户最关心的问题和感兴趣的点，从而更有针对性地为用户带来有价值的内容。

挖掘用户的痛点是一个长期的工作，但主播在寻找的过程中，必须要注意以下3个事项：

a. 对自身能力和特点进行充分了解，认识到自己的优缺点。

b. 对其他主播的能力和特点有所了解，对比他人，从而学习长处。

c. 对抖音用户心理有充分的解读，了解抖音用户需求，然后创造对应的内容满足需求。

主播在创作内容时，要抓住抖音用户的主要痛点，以这些痛点为标题，吸引抖音用户关注，并弥补抖音用户在社会生活中的各种心理落差，在直播中获得心理的满足。抖音用户的痛点主要包括安全感、价值感、自我满足感、亲情爱情、支配感、归属感和不朽感等。

2. 语言能力

一个优秀的主播没有良好的语言组织能力就如同一名优秀的击剑运动员没有剑，这是万万行不通的。想要拥有过人的语言能力，让用户舍不得错过直播的每一分每一秒，就必须从多个方面来培养。下面，就告诉大家如何用语言赢得用户的追随和支持。

（1）亲切沟通

在直播过程中，与粉丝的互动是不可或缺的。那么聊天也不可口无遮拦，主播要学会三思而后言。切记不要太过鲁莽，心直口快，以免对粉丝造成伤害或者引起粉丝的不悦。

此外，主播还应避免说一些不利于粉丝形象的话语，在直播中学会与用户保持一定的距离，玩笑不能开大了，但又要让粉丝觉得你平易近人、接地气。那么，主播应该从哪些方面进行思考呢？笔者做了总结，具体如下。

a. 什么该说，什么不该说？

b. 事先做好哪些准备？

c. 如何与粉丝亲切沟通？

（2）选择时机

良好的语言能力需要主播选择说话的时机。每一位主播在表达自己的见解之前，必须把握好用户的心理状态。

比如，对方是否愿意接受这个信息？对方是否准备听你讲这个事情？如果主播丝毫不顾及用户心里怎么想，不会把握说话的时机，那么只会事倍功半，甚至是做无用功。只要选择好了时机，那么让粉丝接受你的意见还是很容易的。

比如，一个电商主播，在向抖音用户推销自己的产品时，承诺给抖音用户一定的折扣，那么抖音用户在这时应该会对产品更感兴趣。总之，把握好时机是培养主播语言能力的重要因素之一，只有选对时机，才能让用户接受你的意见，对你讲的内容感兴趣。

（3）懂得倾听

懂得倾听是一个人最美好的品质之一，同时也是主播必须具备的素质。和粉丝聊天谈心，除了会说，还要懂得用心聆听。

例如，一名主播的粉丝评论说他最近直播有些无聊，没什么有趣的内容，都不知道说些什么。于是，该主播认真倾听了抖音用户的意见，精心策划了搞笑视频直播，赢得了几十万的点击量，获得了无数抖音用户的好评。

在主播和抖音用户交流沟通的互动过程中，虽然表面上看来是主播占主导，但实际上是以抖音用户为主。抖音用户愿意看直播的原因就在于能与自己感兴趣的人进行互动。主播要懂得了解用抖音户关心什么、想要讨论什么话题，就一定要认真倾听抖音用户的心声和反馈。

（4）谦和友好

主播和粉丝交流沟通，要谦和一些，友好一些。聊天不是辩论比赛，没必要分出个你高我低，更没有必要因为某句话或某个字眼而争论不休。

如果一个主播想借纠正粉丝的错误，或者发现粉丝话语中的漏洞这种低端的行为，来证明自己多么的学识渊博、能言善辩，那么这个主播无疑是失败的。因为他忽略了最重要的一点，那就是直播是主播与用户聊天谈心的地方，不是辩论赛场，也不是相互攻击之处。主播在与用户沟通时的诀窍，总结为3点，具体如下。

a. 理性思考问题。

b. 灵活面对窘境。

c. 巧妙指点错误。

语言能力的优秀与否，与主播的个人素质是分不开的。因此，在直播中，主播不仅要着力于提升自身的语言能力，同时也要全方面认识自身的缺点与不足，从而更好地为用户提供服务，成长为高人气的专业主播。

（5）理性对待

在直播中会遇到个别粉丝爱挑刺、负能量爆棚、喜欢怨天尤人，甚至，竟强词夺理说自己的权利遭到了侵犯。这就是考验主播语言能力的关键时刻了。

作为一名心思细腻、七窍玲珑的主播，应该懂得理性对待粉丝的消极行为和言论。那么，主要是从哪几个方面去做呢？笔者总结为以下3点。

a. 善意的提醒。

b. 明确不对之处。

c. 对事不对人。

一名成功的主播，一定有他的过人之处。对粉丝的宽容大度和正确引导是主播培养语言能力过程中必不可少的因素之一。当然，明确的价值观也为主播的语言内容增添了不少的光彩。

3．心理素质

直播和传统的节目录制不同，传统节目要达到让观众满意的效果，可以通过后期剪辑来表现笑点和重点。因此，一个主播要具备良好的现场应变能力和丰富的专业知识。

一个能够吸引众多粉丝的主播和直播节目，仅仅靠颜值、才艺、口才是不够的。直播是一场无法重来的真人秀，就跟生活一样，没有彩排。在直播过程中，万一发生了意外，主播一定要具备良好的心理素质，才能应对种种情况。

（1）信号中断

信号中断，在借助手机做户外直播时经常会发生。信号不稳定是十分常见的事，有时候甚至还会长时间没有信号。

面对这样的情况，主播首先应该平稳心态，先试试变换地点是否会连接到信号，如果不行，就耐心等待。因为也许有的忠实粉丝会一直等候直播开播，所有主播要做好向粉丝道歉的准备，再利用一些新鲜的内容活跃气氛，再次吸引粉丝的关注。

（2）突发事件

各种各样的突发事件在直播现场是不可避免的。当发生意外情况时，主播一定要稳住心态，让自己冷静下来，打好圆场，给自己台阶下。

比如，湖南卫视的歌唱节目《我是歌手》第三季总决赛直播时，就发生了一件让人意想不到的事件。著名歌手孙楠突然宣布退赛，消息一出，现场的所有人包括守在电视机前的观众都大吃一惊。

作为主持人的汪涵，不慌不忙地对此事做了十分冷静的处理：首先，他请求观众给他五分钟时间，其次，将自己对这个突发事件的看法做了客观、公正的评价。汪涵的冷静处理让相关工作人员有了充分的时间来应对此事件。而这个事件过后，汪涵的救场也纷纷被各大媒体报道，获得了无数观众的敬佩和赞赏。

节目主持人和主播有很多相似之处，主播一定程度上也是主持人。在直播过程中，主播也要学会把节目流程控制在自己手中，特别是面对各种突发事件时，要冷静。主播应该不断修炼自己，多多向汪涵这样的主持人学习。

171 积极回答观众的问题

想成为一名优秀的主播，就要学会随机应变。在这种互动性很强的社交方式中，各种各样的粉丝可能会向主播提问，这些活跃跳脱的粉丝多不胜数，提出的问题也是千奇百怪。

有的主播回答不出粉丝问题，就会插科打诨地蒙混过关。这种情况一次两次粉丝还能接受，但次数多了，粉丝就会怀疑主播不重视或者主播到底有没有专业能力。因此，学会如何应对提问是主播成长的重中之重。

1. 根据主题做好准备

主播在进行直播之前，特别是与专业技能相关的直播，一定要准备充分，对自己要直播的内容做足功课。就好像老师上课之前要写教案备课一样，主播也要对自己的内容了如指掌，并尽可能地把资料备足，以应对直播过程中发生的突发状况。

比如，做一场旅行直播，主播可以不用有导游一样的专业能力，对任何问题都回答得头头是道，但也要在直播之前把旅游地点及其相关知识掌握好。这样才不至于在直播过程中一问三不知，也不用担心因为回答不出粉丝的问题而丧失人气。

主播每次直播前，都要对直播的内容做好充分的准备，如风景名胜的相关历史，人文习俗的来源、发展，当地特色小吃等。因为做了相关准备，所以在直播的过程中就能有条不紊，对遇到的事物都能侃侃而谈，对当地的食物、风土人情更是介绍得特别详细。

2. 正确回答热点问题

不管是粉丝，还是主播，都会对热点问题比较关注。很多主播也会借热点事件，吸引抖音用户观看。这时，粉丝往往想知道主播对这些热点问题的看法。

有些主播，为了吸引眼球进行炒作，就故意做出违反三观的回答。这种行为是极其错误且不可取的，虽然主播的名气会因此在短时间内迅速上升，但其带来的影响是负面的、不健康的，粉丝会马上流失，更糟糕的是，想要吸引新的粉丝加入也十分困难了。那么主播应该如何正确评价热点事件呢？笔者将方法总结为以下3点。

（1）客观中立。

（2）不违反三观。

（3）不偏袒任何一方。

主播切记不能因为想要快速吸粉就随意评价热点事件，因为主播的影响力远远比普通人要大得多，言论稍有偏颇，就会出现引导舆论的情况。如果事实结果与主播的言论不符，就会对主播产生很大的负面影响。这种做法得不偿失。

客观公正的评价虽然不会马上得到用户的大量关注，但只要长期坚持下去，形成自己独有的风格，就能凭借正能量的形象吸引更多的粉丝。

3. 幽默作答活跃气氛

在这个人人"看脸"的时代，颜值虽然已经成为直播界的一大风向标，但想要成为直播界的大咖级人物，光靠脸和身材是远远不够的。有人说，语言的最高境界就是幽默。拥有幽默口才的人会让人觉得很风趣，还能折射出一个人的内涵和修养。所以，一个专业主播的养成，也必然少不了幽默的表达技巧。

（1）收集素材

善于利用幽默的表达技巧，是一个专业主播的成长必修课。生活离不开幽默，就像鱼儿离不开水，呼吸离不开空气。学习幽默技巧的第一件事情就是收集幽默素材。

主播要凭借从各类喜剧中收集而来的幽默素材，全力培养自己的幽默感，学会把故事讲得生动有趣，让用户忍俊不禁。用户是喜欢听故事的，而故事中穿插幽默则会让用户更加全神贯注，将身心都投入主播的讲述之中。

例如，生活中很多幽默故事就是由喜剧的片段和情节改编而来。幽默也是一种艺术，艺术来源于生活而高于生活，幽默也是如此。

（2）抓住矛盾

当一名主播已经有了一定的阅历，对自己的粉丝也比较熟悉，知道对方喜欢什么或者讨厌什么，那么就可以适当地攻击他讨厌的事物以达到幽默的效果。

比如，他讨厌公司的食堂，认为那儿的饭菜实在难以下咽，那么你就可以这样说："那天我买了个包子，吃完之后从嘴里拽出了两米长的绳子。"抓住事物的主要矛盾，这样才能摩擦出不一样的火花。

（3）幽默段子

"段子"本身是相声表演中的一个艺术术语。随着时代的变化，它的含义不断拓展，也多了一些"红段子、冷段子、黑段子"的独特内涵。近几年频繁活跃在互联网的各大社交平台上。

而幽默段子作为最受人们欢迎的幽默方式之一，也得到了广泛的传播和发扬。微博、综艺节目、朋友圈里将幽默段子运用得出神入化的人比比皆是，这样的幽默方式也赢得了众多粉丝的追捧。

（4）自我嘲讽

讽刺是幽默的一种形式，相声就是一种讽刺与幽默相结合的艺术。讽刺和幽默是分不开的，要想学会幽默技巧，就得学会巧妙地讽刺。

最好的讽刺方法就是自黑。这样的话既能逗粉丝开心，又不会伤和气。因为粉丝不是亲密的朋友，如果对其进行讽刺或吐槽，很容易引起他们的反感和愤怒。比如，很多著名的主持人为了达到节目效果，经常会进行自黑，逗观众开心。

在现在很多直播中，主播也会通过这种自我嘲讽的方式来将自己"平民化"，逗粉丝开心。自我嘲讽这种方法只要运用得恰当，达到的效果还是相当不错的。当然，主播也要把心态放正，将自黑看成是一种娱乐方式，不要太过认真。

172　掌握抖音直播的说话技巧

在直播过程中，主播如果能够掌握一定的沟通技巧，会获得更好的带货、获利效果。本节将对5种直播说话技巧进行分析和展示，帮助大家更好地提升自身的带货和获利能力。

1. 欢迎技巧

当有抖音用户进入直播间时，抖音直播的评论区会进行显示进入信息。主播在看到进直播间的抖音用户之后，可以对其表示欢迎。当然，为了避免欢迎词过于单一，主播可以在一定的分析之后，根据自身和抖音用户的特色来制定具体的欢迎词。具体来说，常见的欢迎说话技巧主要包括4种，如图12-18所示。

结合自身特色	➤	例如："欢迎 XXX 来到我的直播间，希望我的歌声能够给您带来愉悦的心情。"
根据抖音用户的名字	➤	例如："欢迎 XXX 的到来，看名字，您是很喜欢玩《XXXX》游戏吗？真巧，这款游戏我也经常玩，有空可以一起玩呀！"
根据抖音用户的等级	➤	例如："欢迎 XXX 进入直播间，哇，这么高的等级，看来是一位大佬了，求守护呀！"
表达对忠实粉丝的欢迎	➤	例如："欢迎 XXX 回到我的直播间，差不多每场直播都能看到你，感谢一直以来的支持呀！"

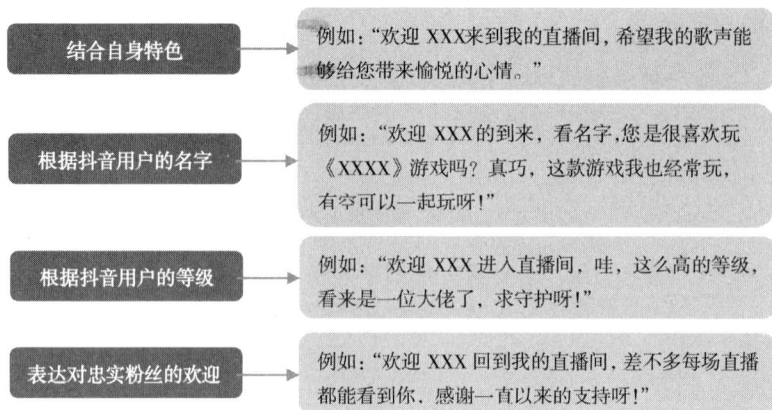

● 图12-18 常见的欢迎说话技巧

2. 感谢技巧

当抖音用户在直播中购买产品，或者给你刷礼物时。你可以通过一定的话语对抖音用户表示感谢，如图12-19所示。

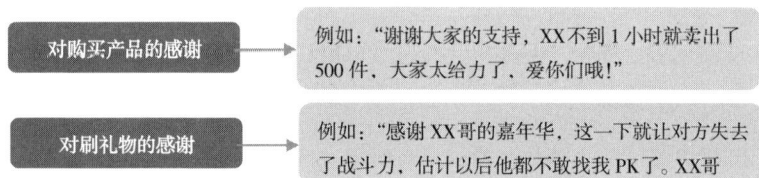

| 对购买产品的感谢 | ➤ | 例如："谢谢大家的支持，XX 不到 1 小时就卖出了500 件，大家太给力了，爱你们哦！" |
| 对刷礼物的感谢 | ➤ | 例如："感谢 XX 哥的嘉年华，这一下就让对方失去了战斗力，估计以后他都不敢找我 PK 了。XX 哥 |

● 图12-19 常见的感谢说话技巧

3. 提问技巧

在直播间向抖音用户提问时，主播要使用更能提高抖音用户积极性的话语。对此，笔者认为，主播可以从两个方面进行思考，具体如图12-20所示。

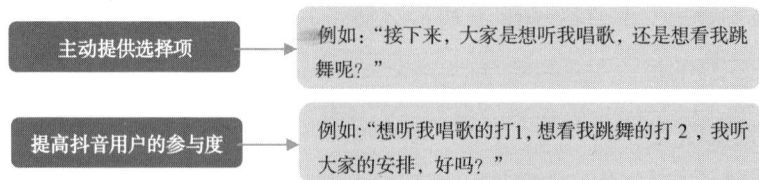

| 主动提供选择项 | ➤ | 例如："接下来，大家是想听我唱歌，还是想看我跳舞呢？" |
| 提高抖音用户的参与度 | ➤ | 例如："想听我唱歌的打1，想看我跳舞的打 2，我听大家的安排，好吗？" |

● 图12-20 常见的提问说话技巧

4. 引导技巧

主播要懂得引导抖音用户，根据自身的目的，让抖音用户为你助力。对此，主播可以根据自己的目的，用不同的说话技巧对抖音用户进行引导，具体如图12-21所示。

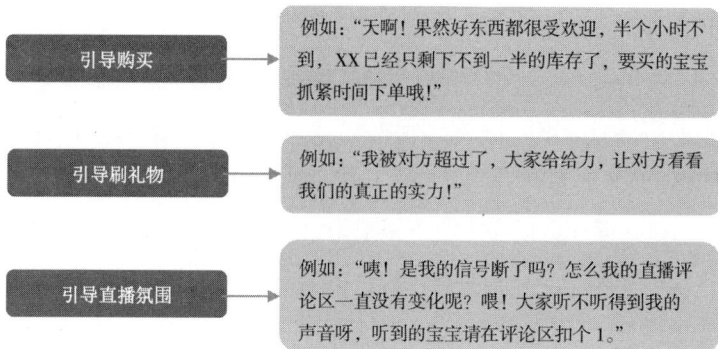

引导购买	→	例如："天啊！果然好东西都很受欢迎，半个小时不到，XX已经只剩下不到一半的库存了，要买的宝宝抓紧时间下单哦！"
引导刷礼物	→	例如："我被对方超过了，大家给给力，让对方看看我们的真正的实力！"
引导直播氛围	→	例如："咦！是我的信号断了吗？怎么我的直播评论区一直没有变化呢？喂！大家听不听得到我的声音呀，听到的宝宝请在评论区扣个1。"

● 图12-21　常见的引导说话技巧

5. 下播说话技巧

每场直播都有下播的时候，当直播即将结束时，主播应该通过下播说话技巧向抖音用户传达信号，具体如图12-22所示。

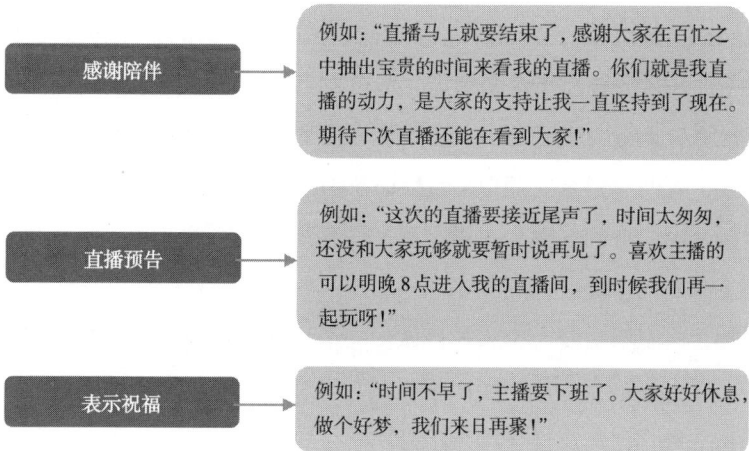

感谢陪伴	→	例如："直播马上就要结束了，感谢大家在百忙之中抽出宝贵的时间来看我的直播。你们就是我直播的动力，是大家的支持让我一直坚持到了现在。期待下次直播还能在看到大家！"
直播预告	→	例如："这次的直播要接近尾声了，时间太匆匆，还没和大家玩够就要暂时说再见了。喜欢主播的可以明晚8点进入我的直播间，到时候我们再一起玩呀！"
表示祝福	→	例如："时间不早了，主播要下班了。大家好好休息，做个好梦，我们来日再聚！"

● 图12-22　常见的下播说话技巧

173　打造个人的直播特色

能够打造专属于自己的直播IP的主播，往往更容易从直播行业中脱颖而出。那么，在抖音直播中如何打造专属的直播IP呢？笔者认为可以从两个方面进行考虑，即个人口头禅和独特造型。

1. 个人口头禅

个人口头禅是人的一种标志，因为口头禅出现的次数比较多，再加上在他人听来通常具有一定的特色。所以，听到某人的口头禅之后，我们便很容易地记住这个人，并且在听到其他人说他（她）的口头禅时，我们也会想到将这句话作为口头禅在我们心中留下深刻印象的人。

在抖音短视频中，一些具有代表性的头部账号的视频主往往都有令人印象深刻的口头禅。例如，李佳琦在视频和直播中经常会说："oh my god"，这句话就成了他标志性的口头禅。

无论是短视频，还是直播，主播或视频中人物的口头禅都能令人印象深刻，甚至当用户在关注某个主播一段时间之后，在听到主播在直播中说口头禅时，都会觉得特别亲切。

2. 独特造型

我们在第一次看一个人时，除了看他（她）的长相和身材之外，还会重点关注他（她）的穿着，或者说造型。所以，当主播以独特造型面对抖音用户时，抖音用户便能快速记住你，这样你的直播IP自然会快速树立起来。

例如，有两个抖音主播以《西游记》中孙悟空、猪八戒的造型来进行直播。当抖音用户看到这两个主播之后，很容易被主播的造型吸引，对他们的造型留下深刻的印象。

当然，这里不是要大家去故意做一些造型去哗众取宠，而是要在合理的范围内，以大多数抖音用户可以接受的、具有一定特色的造型来做直播，争取用造型来给自己的直播IP塑造加分。

174 熟悉直播卖货的原则

在直播卖货时，抖音主播需要遵循一定的原则，具体如下。

（1）热情主动。同样的商品，为什么有的主播卖不动，有的主播简单几句话就能获得大量订单？当然，这可能与主播自身的流量有一定的关系，但即便是流量差不多的主播，同样的商品销量也可能会出现较大的差距。这很可能与主播的态度有一定的关系。

如果主播热情主动地与抖音用户沟通，让抖音用户觉得像朋友一样亲切，那么，抖音用户自然会愿意为主播买单；反之，如果主播对抖音用户爱答不理，让抖音用户觉得自己被忽视了，那么抖音用户连直播都不想看，也就更不用说去购买直播中的产品了。

（2）保存一定频率。俗话说得好："习惯成自然。"如果主播能够保存一定的直播频率，那么，忠实的抖音用户便会养成定期观看的习惯。这样，主播将获得越来越多的忠实抖音用户，而抖音用户贡献的购买力自然也会变得越来越强。

（3）为抖音用户谋利。每个人都会考虑到自身的利益，抖音用户也是如此。如果主播能够为抖音用户谋利，那么抖音用户就会支持你，为你贡献购买力。

例如，李佳琦曾经因为某品牌给他的产品价格不是最低，让粉丝买贵了，于是就向粉丝道歉，并让粉丝退货。此后，更主动停止了与该品牌的合作。虽然李佳琦此举让自己蒙受了一定的损失。但是，却让粉丝们看到了他在为粉丝们谋利，于是，他之后的直播获得了更多粉丝的支持。

当然，为抖音用户谋利并不是一味地损失主播自身的利益，而是在不过分损失自身利益的情况下，让抖音用户以更加优惠的价格购买产品，让抖音用户看到你也在为他们考虑。

175　了解直播卖货的技巧

直播卖货不只是将产品挂上链接，并将产品展示给抖音用户，而是通过一定的技巧，提高抖音用户的购买欲望。那么，直播卖货有哪些技巧呢？主播们可以从以下3个方面进行考虑。

（1）不要太贪心。虽然产品的销量和礼物的数量与主播的收入直接相关，但是，主播也不能太过贪心，不能为了多赚一点钱，就把抖音用户当作韭菜割。毕竟谁都不傻，当你把抖音用户当韭菜时，也就意味着你会损失一批忠实的粉丝。

（2）积极与抖音用户互动。无论是买东西，还是刷礼物，抖音用户都会有自己的考虑，如果主播达不到他们的心理预期，抖音用户很可能也不会为你买单。那么如何达到抖音用户的心理预期呢？其中一种比较有效的方法就是通过与抖音用户互动，一步步地进行引导。

（3）亲身说法。对于自己销售的产品，主播最好在直播过程中将使用的过程展示给抖音用户，并将使用过程中的良好感受分享给抖音用户。这样，抖音用户在看直播过程中，会对主播多一分信任感，也会更愿意购买主播推荐的产品。

176　避免陷入直播的雷区

随着直播行业的不断深入发展，直播的内容也越来越广泛。但在进行直播时，不免会走入一些误区，误区并不可怕，可怕的是连误区在哪里都不知道。本章将带领大家一起了解直播界存在的误区，帮助大家积极采取措施来避免踏入误区或者陷入风险。

1. 盲目从众

视频直播不仅仅是风靡一时的营销手段，还是一个能够实实在在为企业带来盈利的优质平台。当然，企业要注意的是，不能把视频直播片面地看成是一个噱头，而是要大大提高营销转化的效果。

特别是对于一些以销售为主要目的的企业而言，单单利用网红打造气势，还不如直接让用户在视频直播平台中进行互动，从而调动用户参与的积极性。

比如，乐直播联合家具行业的周年庆进行直播，用户不仅可以在微信上直接观看直播，并分享到朋友圈，还可以在直播过程中参与抽奖。这种充满趣味性的互动，大大促进了用户与品牌的互动，从而转化为购买力。

2. 三观不正

在进行直播运营时，传递出来的价值观能体现一个直播平台的优劣与否。特别是视频直播平台中的很多主播传递出错误的价值观，给社会带来了不良的影响。

（1）粗俗

粗俗的原意是指一个人的举止谈吐粗野庸俗，如"满嘴污言秽语，粗俗不堪"。也许，你可以靠"俗"博得大家的关注提升名气，但难以得到主流社会的认可，而且存在很大的问题和风险。

因此，直播平台、产品、企业或品牌，都应该努力传递主流价值观，做一个为社会带来正能量的人。比如，我们可以借助互联网，多参与一些社会慈善和公益活动，打造一个助人为乐、传递正能量的IP形象，在互联网内容中要坚守道德底线并多弘扬社会道德，引导正面舆论，为广大网民树立正确的世界观、人生观和价值观。

（2）拜金

拜金主要是指崇拜金钱。当然崇拜金钱并没有错，商业社会中的人都是以赚钱为目的。不过，如果你唯利是图，什么事情都想着赚钱，不择手段且盲目地追求金钱，这就是一种极端错误的价值观。

因此，我们在打造IP时，切不可盲目崇拜金钱、把金钱价值看作最高价值，必须做到"拒绝拜金，坚守自我"的心态。

（3）物欲

除了拜金外，物欲也是一种错误的人物IP价值观。物欲是指一个人对物质享受的强烈欲望，在这种欲望的冲动下，可能会做出很多错误的事情。《朱子语类》中曾说过："众人物欲昏蔽，便是恶底心。"说的就是那些疯狂追求物欲的人，他们的心灵必定会空虚，而且会经常做出一些荒唐的事情，最终只会让自己变成一个虚有其表、华而不实的人。

例如，西周时，周幽王就曾自导自演了一幕"烽火戏诸侯，褒姒一笑失天下"的历史闹剧，这就是玩物丧志、色欲失心的典型案例。

因此，打造直播内容时应该将物质和精神追求相辅相成，多注重精神层次和幸福感，不能一味地追求物欲，否则你很容易被它牵着鼻子走。

3. 内容雷同

互联网上的内容平台虽然很多，但其运营模式和内容形式大相径庭、千篇一律，同质化现象十分严重，这样容易让观众产生审美疲劳。在人物IP尤其是网红市场中，同质化竞争的表现主要体现在内容层次方面，典型特点是同一类型的直播内容重复，而且内容替代性强。也许你今天红了，明天就很快被别人复制并取代了。

因此，直播平台或企业在做IP内容营销时，不能一味地模仿和抄袭别人用过的内容，必须学会发散思维，摆脱老套噱头模式。我们可以从生活、学习、工作中寻找发散思维，这样才能制作出有持续吸引力的内容。

当然，随着IP市场的进一步成熟，会出现更多优质的原创内容，这也是市场发展的大势所趋。人物IP必须持续地生产内容，将IP衍生到各个领域，这样可以实现更多渠道的流量获利，才能拥有更强劲的生命力。

4. 非法侵扰

在直播内容方面，存在侵犯他人肖像权和隐私权的问题。比如，一些网络直播将商场、人群作为直播背景，全然不顾他人是否愿意上镜，这种行为极有可能侵犯他人肖像权和隐私权。

隐私权的关键有两方面：第一，隐私权具有私密性的特征，权利范围由个人决定；第二，隐私权由自己控制，公开什么信息全由个人决定。

当我们处在公共领域中时，并不意味着我们自动放弃了隐私权，可以随意被他人上传至直播平台。我们可以拒绝他人的采访，也有权决定是否出现在视频直播中，因为我们在公有空间中有权行使我们的隐私权。因此，直播的这种非法侵权行为是非常错误的。

第13章

引流增粉：积累粉丝
打造百万级大号

经常听身边的一些朋友感叹"抖音有毒"，一刷就是几个小时，可想而知它的用户黏性有多强。既然抖音有这么多的流量，那么作为普通运营者的我们，应该如何在抖音中快速积累粉丝呢？

本章将介绍抖音引流增粉的方法，帮助大家更好地打造百万级的抖音大号。

要点展示：

- ➤ 广告引流
- ➤ SEO引流
- ➤ 视频引流
- ➤ 直播引流
- ➤ 评论引流
- ➤ 矩阵引流
- ➤ 私信引流
- ➤ 互推引流
- ➤ 转发引流

- ➤ 电子邮件引流
- ➤ 微信平台引流
- ➤ 从QQ平台引流
- ➤ 从微博平台引流
- ➤ 从百度平台引流
- ➤ 从今日头条平台引流
- ➤ 从视频平台引流
- ➤ 从音频平台引流
- ➤ 从线下平台引流

177 广告引流

在抖音中有3种广告形式，这3种广告形式既是在进行广告营销，也可以让视频内容获得海量曝光和精易触达。下面分别进行解读。

1. Topview超级首位

Topview超级首位是一种由两种广告类型组成广告形式。它由两个部分组成，即前面几秒的抖音开屏广告和之后的信息流广告。

如图13-1所示为小米手机的一条短视频，可以看到其一开始是以抖音全屏广告的形式展现的（左侧），而播放了几秒之后，就变成了信息流广告（右侧），直到该视频播放完毕。很显然，这条短视频运用的就是Topview超级首位。

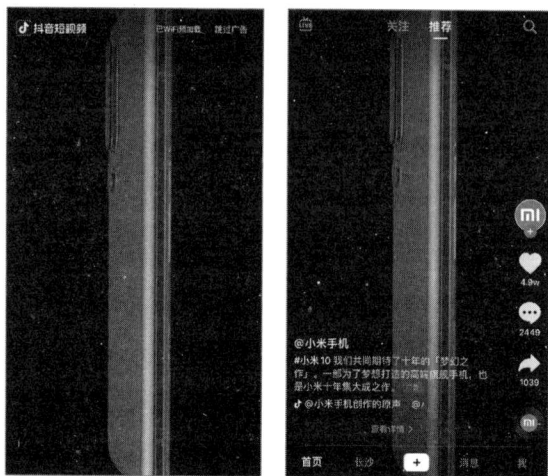

● 图13-1 Topview超级首位的运用

从形式上来看，Topview超级首位很好地融合了开屏广告和信息流广告的优势。既可以让抖音用户在打开抖音短视频App的第一时间就看到广告内容，也能通过信息流广告对内容进行完整的展示，并引导抖音用户了解广告详情。

2. 开屏广告

开屏广告，顾名思义，就是打开抖音就能看到的一种广告形式。开屏广告的优势在于，抖音用户一打开抖音短视频App就能看到，所以广告的曝光率较高。而其缺点是呈现的时间较短。因此，可以呈现的内容较为有限。如图13-2所示为开屏广告的运用案例。

● 图13-2　开屏广告的运用

按照内容的展示形式，开屏广告可细分为3种，即静态开屏（一张图片到底）、动态开屏（中间有图片的更换）和视频开屏（以视频的形式呈现广告内容）。品牌主可以根据自身需求，选择合适的展示形式。

3. 信息流体系

信息流体系模块是一种通过视频传达信息的广告内容模块。运用信息流体系模块的短视频，其文案中会出现"广告"字样，而抖音用户点击视频中的链接，则可以跳转至目标页面，从而达到营销的目的。

如图13-3所示的信息流广告的运用案例中，抖音用户只需点击短视频中的文案内容、"去体验"按钮和抖音账号头像，就可以跳转至App获取界面。这种模块的运用，不仅可以实现信息的营销推广，而且还能让软件用户的获取更加便利化。

● 图13-3　信息流体系的运用

178　SEO引流

SEO是Search Engine Optimization的英文缩写，中文译为"搜索引擎优化"，是指通过对内容的优化获得更多流量，从而实现自身的营销目标。所以，说起SEO，许多人首先想到的可能就是搜索引擎的优化，如百度平台的SEO。

其实，SEO不只是搜索引擎独有的运营策略。抖音短视频同样可以进行SEO优化。比如，我们可以通过对抖音短视频的内容运营，实现内容霸屏，从而让相关内容获得快速传播。

抖音短视频SEO优化的关键在于视频关键词的选择。而视频关键词的选择又可细分为两个方面：关键词的确定和关键词的使用。

1. 视频关键词的确定

用好关键词的第一步就是确定合适的关键词。通常来说，关键词的确定主要有以下两种方法。

（1）根据内容确定关键词

什么是合适的关键词？首先应该是与抖音号的定位以及短视频内容相关

的。否则，抖音用户即便看到了短视频，也会因为内容与关键词不对应而直接滑过。这样一来，选取的关键词也就没有太多积极意义了。

（2）通过预测选择关键词

除了根据内容确定关键词之外，还需要学会预测关键词。抖音用户在搜索时所用的关键词可能会呈现阶段性的变化。具体来说，许多关键词都会随着时间的变化而具有不稳定的升降趋势。因此，抖音运营者在选取关键词之前，需要预测用户搜索的关键词，下面从两个方面分析如何预测关键词。

社会热点新闻是人们关注的重点，当社会新闻出现后，会出现一大波新的关键词，搜索量高的关键词就称为热点关键词。

因此，抖音运营者不仅要关注社会新闻，还要会预测热点，抢占最有利的时间预测出热点关键词，并将其用于抖音短视频中。下面介绍一些预测热点关键词的方向，如图13-4所示。

除此之外，即便搜索同一类物品，抖音用户在不同时间段选取的关键词可能会有一定的差异性。也就是说，抖音用户在搜索关键词的选择上可能呈现一定的季节性。因此，抖音运营者需要根据季节性，预测用户搜索时可能会选取的关键词。

值得一提的是，关键词的季节性波动比较稳定，主要体现在季节和节日两个方面，如用户在搜索服装类内容时，可能会直接搜索包含四季名称的关键词，即春装、夏装等；节日关键词会包含节日名称，即春节服装、圣诞装等。

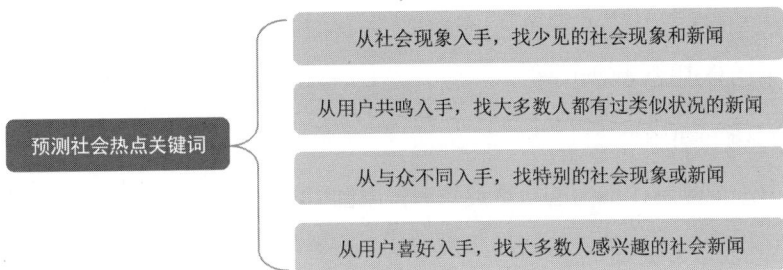

● 图13-4 预测社会热点关键词

季节性的关键词预测还是比较容易的，抖音运营者除了可以从季节和节日名称上进行预测，还可以从以下方面进行预测，如图13-5所示。

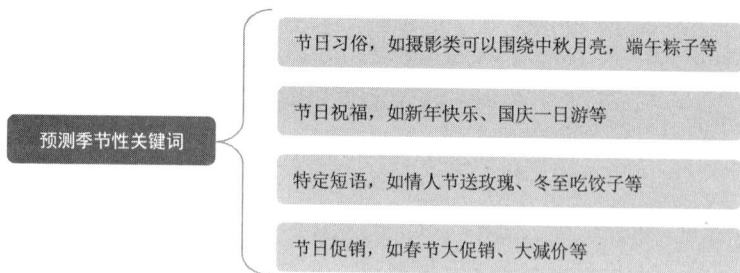

节日习俗，如摄影类可以围绕中秋月亮，端午粽子等

节日祝福，如新年快乐、国庆一日游等

预测季节性关键词

特定短语，如情人节送玫瑰、冬至吃饺子等

节日促销，如春节大促销、大减价等

● 图13-5　预测季节性关键词

2. 视频关键词的使用

在添加关键词之前，抖音运营者可以通过查看朋友圈动态、微博热点等方式，抓取近期的高频词汇，将其作为关键词嵌入抖音短视频中。

需要特别说明的是，运营者统计出近期出现频率较高的关键词后，还需了解关键词的来源，只有这样才能让关键词用得恰当。

除了选择高频词汇之外，抖音运营者还可以通过在抖音号介绍信息和短视频文案中增加关键词使用频率的方式，让内容尽可能地与自身业务直接联系起来，从而给抖音用户一种专业的感觉。

179　视频引流

视频引流可以分为两种方式进行：一是原创视频引流；二是搬运视频引流。下面分别进行说明。

1. 原创视频引流

有短视频制作能力的抖音运营者，原创引流是最好的选择。抖音电商运营者可以把制作好的原创短视频发布到抖音平台，同时在账号资料部分进行引流，如昵称、个人简介等地方，都可以留下联系方式。

注意，不要在其中直接标注"微信"两个字，可以用拼音简写、同音字或其他相关符号来代替。只要用户的原创短视频的播放量、曝光率越大，引流的效果也就会越好。

抖音上的年轻用户偏爱热门和创意有趣的内容，同时在抖音官方介绍中，抖音鼓励的视频是：场景、画面清晰；记录自己的日常生活，内容健康向上，多人类、剧情类、才艺类、心得分享、搞笑等多样化内容，不拘于一个风格。抖音电商运营者在制作原创短视频内容时，可以记住这些原则，让作品获得更多推荐。

2. 搬运视频引流

抖音电商运营者可以从微视、西瓜视频、快手、火山小视频以及秒拍等短视频平台，将其中的内容搬运到抖音平台上，具体方法如下。

步骤01 先打开去水印视频解析网站，然后打开要搬运的视频，并把要搬运视频的地址放到解析网站的方框内，然后点击"解析视频"按钮，解析完成后即可下载，从而得到没有水印的视频文件。如图13-6所示为抖音短视频解析下载网站。

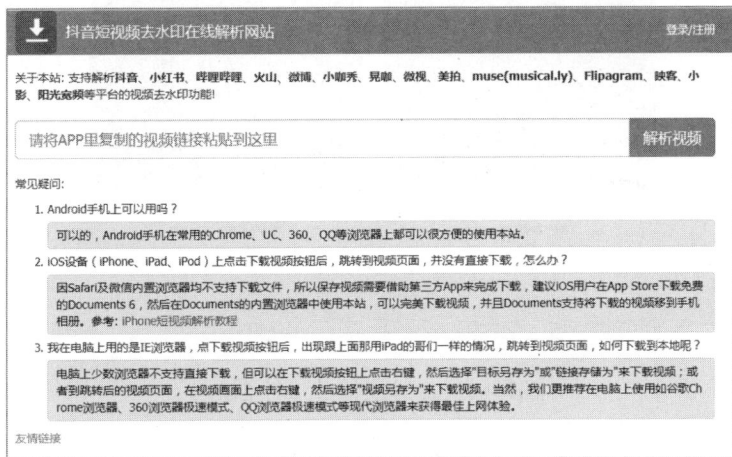

● 图13-6 抖音短视频解析下载网站

步骤02 然后用格式工厂或inshot视频图片编辑软件，对视频进行剪辑和修改，改变视频的MD5值，即可得到"伪原创"的视频文件。

步骤03 最后把这个搬运来的视频上传到抖音，同时在抖音账号的资料部分进行引流，以便粉丝添加。

180 直播引流

直播对于抖音运营者来说意义重大，一方面，抖音运营者可以通过直播销售商品，获得收益；另一方面，直播也是一种有效的引流方式。只要抖音用户在直播的过程中点击关注，抖音用户会自动成为抖音账号的粉丝。

如图13-7所示，在某个电商直播中，抖音用户只需点击界面左上方账号名称和头像所在的位置，会弹出一个账号详情对话框。如果抖音用户点击对话框中的"关注"按钮，原来"关注"按钮所在的位置将显示"已关注"。此时，抖音用户可以通过直播关注该直播所在的抖音账号。

●图13-7 通过直播关注抖音账号

除此之外，抖音用户在直播界面中还有一种更方便的关注方法，那就是直接点击直播界面左上方的"关注"按钮。

181 评论引流

许多抖音用户在看抖音视频时，会习惯性地查看评论区的内容。再加上，抖音用户如果觉得视频内容比较有趣，还可以通过@抖音账号，吸引其他抖音用户前来观看该视频。因此，如果抖音用户的评论区利用得当，可以起到不错的引流效果。

抖音视频文案中能够呈现的内容相对有限，这就有可能出现一种情况，那就是有的内容需要进行一些补充。此时，抖音运营者可以通过评论区的自我评论来进一步进行表达。另外，在短视频刚发布时，可能看到视频的抖音用户不是很多，也不会有太多抖音用户评论。如果此时抖音用户进行自我评论，也能从一定程度上起到提高视频评论量的作用。

除了自我评价补充信息之外，抖音运营者还可以通过回复评论解决抖音用户的疑问，引导抖音用户的情绪，从而提高产品的销量。

回复抖音评论看似是一件再简单不过的事，实则不然。为什么这么说呢？这主要是因为在进行抖音评论时还需要注意一些事项，具体如下。

1. 第一时间回复评论

抖音运营者应该尽可能地在第一时间回复抖音用户的评论，这主要有两个方面的好处：一是快速回复抖音用户能够让抖音用户感觉到你对他（她）很重视，这样自然能增加抖音用户对你和你的抖音账号的好感；二是回复评论能够从一定程度上增加短视频的热度，让更多抖音用户看到你的短视频。

那么，如何做到第一时间回复评论呢？其中一种比较有效的方法就是在短视频发布的一段时间内，及时查看抖音用户的评论。一旦发现有新的评论，便在第一时间做出回复。

2. 不要重复回复评论

对于相似的问题，或者同一个问题，抖音运营者最好不要重复进行回复，这主要有两个原因。一是很多抖音用户的评论中或多或少会有一些营销的痕迹，如果重复回复，那么整个评价界面会看到很多有广告痕迹的内容，而这些内容往往会让抖音用户产生反感情绪。

二是相似的问题，点赞相对较高的问题会排到评论的靠前位置，抖音运营者只需在点赞较高的问题上进行回复，其他有相似问题的抖音用户自然就能看到，而且这样还能减少评论的回复工作量，节省大量的时间。

3. 注意规避敏感词汇

对于一些敏感的问题和敏感的词汇，抖音运营者在回复评论时一定要尽可能地规避。当然，也可以采取迂回战术，如不对敏感问题做出正面的回答、用一些其他意思相近的词汇或用谐音代替敏感词汇。

182 矩阵引流

抖音矩阵就是通过多个账号的运营进行营销推广，从而增强营销的效果，获取稳定的流量池。抖音矩阵可分为两种：一种是个人抖音矩阵，即某个抖音运营者同时运营多个抖音号，组成营销矩阵；另一种是多个具有联系的抖音运营者一个矩阵，共同进行营销推广。

例如，这位名叫"陆高立"的抖音运营者通过多个抖音账号来打造个人矩阵，而且其每个抖音号都拥有一定数量的粉丝，如图13-8所示。

● 图13-8　个人抖音矩阵的打造

183 私信引流

抖音支持"发信息"功能，一些粉丝可能会通过该功能给用户发信息。抖音运营者可以时不时看一下，并利用私信来为抖音号，甚至是其他平台进行引流，如图13-9所示。

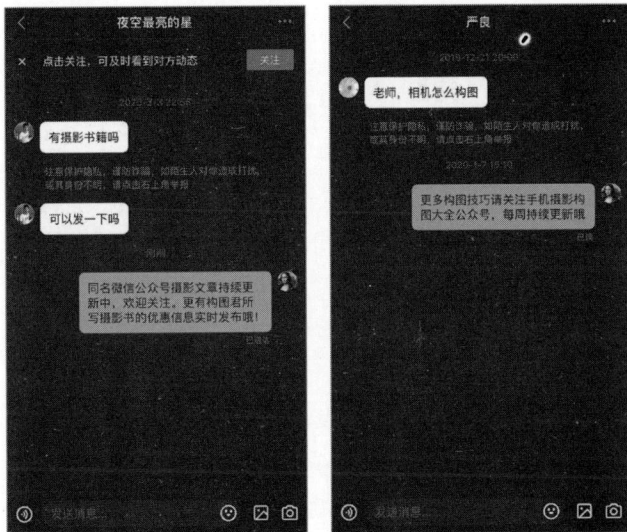

● 图13-9　利用抖音私信消息引流

184　互推引流

互推就是互相推广的意思。大多数抖音号在的运营过程中，都会获得一些粉丝，只是对于许多抖音用户来说，粉丝量可能并不是很多。此时，抖音运营者可以通过与其他抖音号进行互推，让更多抖音用户看到你的抖音号，从而提高抖音号的传播范围，让抖音号获得更多的流量。

在抖音平台中，互推的方法有很多，其中比较直接有效的一种互推方式就是在视频文案中互相@，让抖音用户看到相关视频之后，就能看到互推的账号。

如图13-10所示，为祝晓晗和老丈人说车发布的两条视频，可以看到这两条视频中就是通过使用@功能来进行互推的。再加上老丈人说车这个抖音号又是祝晓晗的父亲运营的。因此，这两个账号之间具有很强的信任度，互推的频率也可以把握。所以，这两个账号的互推通常能获得不错的效果。

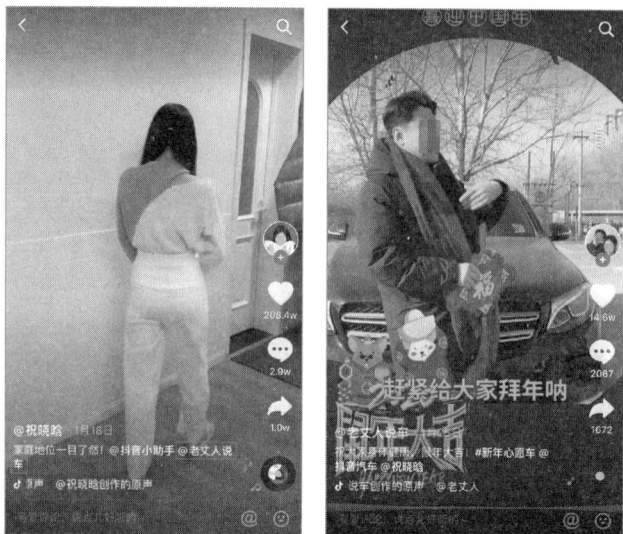

● 图13-10　账号互推

185　转发引流

抖音中有分享转发功能，抖音电商运营者可以借助该功能，将抖音短视频分享至对应的平台，从而达到引流的目的。那么，如何借助抖音的分享转发功能引流呢？下面对具体的操作步骤进行说明。

步骤01　登录抖音短视频App，进入需要转发视频的播放界面，点击 ●●● 按钮，如图13-11所示。

步骤02　弹出"私信给"面板。在该对话框中，抖音电商运营者可以选择转发分享的平台。下面以转发给微信好友为例进行说明。此时，抖音电商运营者点击对话框中的"微信好友"按钮，如图13-12所示。

步骤03　播放界面中将显示短视频"正在保存到本地"，如图13-13所示。

步骤04　短视频保存完毕后，将弹出"已保存至相册"对话框，点击对话框中的"继续分享到微信"按钮，如图13-14所示。

● 图13-11　点击●●●按钮

● 图13-12　点击"微信好友"按钮

● 图13-13　显示短视频"正在
保存到本地"

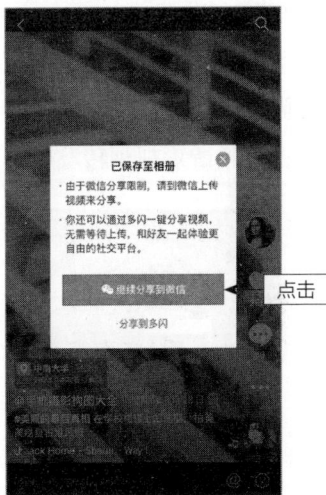

● 图13-14　弹出"已保存至相册"
对话框

步骤⑤　进入微信App，选择需要转发短视频的对象，如图13-15所示。

步骤⑥　进入微信聊天界面，❶点击⊕按钮；在弹出的面板中❷选择"照片"选项，如图13-16所示。

● 图13-15　选择需要转发短视频的对象　　● 图13-16　选择"照片"选项

步骤**07**　进入"所有照片"界面，❶选择需要转发的抖音短视频；❷点击"发送"按钮，如图13-17所示。

步骤**08**　操作完成后，如果微信聊天界面中显示需要转发的抖音短视频，就说明抖音短视频转发成功了，如图13-18所示。

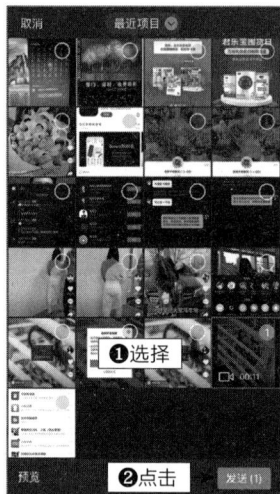

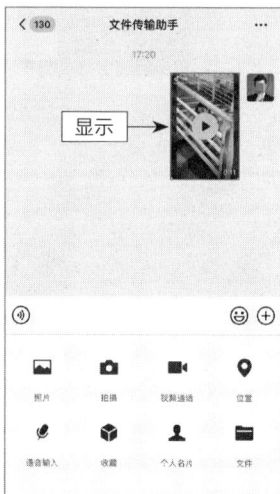

● 图13-17　"所有照片"界面　　● 图13-18　显示需要转发的短视频

抖音视频转发完成后，微信好友只需点击微信聊天界面中的视频，即可在线播放视频。而且在微信中播放他人分享的抖音短视频时，画面中会显示发布该视频的抖音号。微信好友如果对分享的短视频感兴趣，想获取更多短视频，可以搜索抖音号查看其他短视频，这很好地起到了引流的作用。

186 电子邮件引流

邮件引流，是指将视频通过邮件的方式分享给特定的好友。使用这种方式推广，更加具有针对性，能实现一对一的视频交流，确保了视频的保密性和安全性。

关于短视频的电子邮件推广，在很多短视频App上都可以完成，在此，以抖音为例，介绍如何一键分享短视频的操作，具体过程如下。

步骤01 在短视频页面，❶点击 ●●● 按钮，如图13-19所示。弹出"分享到"窗格，❷点击"更多分享"按钮，如图13-20所示。

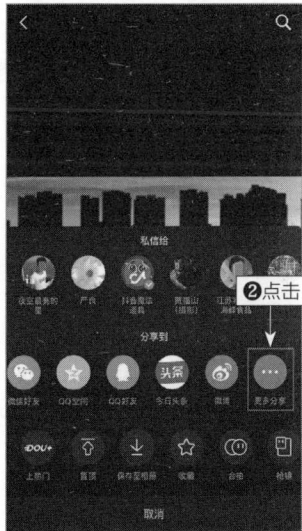

● 图13-19　点击●●●按钮　　　● 图13-20　点击"更多分享"按钮

步骤02 跳转到相应窗格，点击"邮件"按钮，如图13-21所示；进入"新账号"界面，并设置相关信息，如图13-22所示。即可完成短视频的分享和推广操作。

将视频通过邮件的方式发送给亲朋好友，虽然能针对性、准确性地将视频发送给想要发送的人，但是，已经发出去的邮件无法撤回，即使是自己将它删除别人依然能收到。所以，抖音电商运营者在通过邮件发送视频时，一定要认真仔细地选择好收件人。

● 图13-21　点击"邮件"按钮

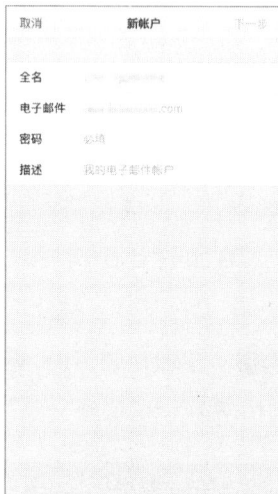

● 图13-22　"新账户"界面

187　微信平台引流

微信平台引流主要可以从两个方面进行：一是公众号引流；二是朋友圈引流。下面分别进行说明。

1. 公众号引流

微信公众号，从某一方面来说，就是一个个人、企业等主体进行信息发布并通过运营来提升知名度和品牌形象的平台。抖音电商运营者如果选择一个用户基数大的平台来推广短视频内容，且期待通过长期的内容积累构建自己的品牌，那么微信公众平台是一个理想的传播平台。

在微信公众号上，抖音运营者如果借助短视频进行推广，可以采用多种方式来实现。其中，使用最多的有两种，即"标题＋短视频"形式和"标题＋

文本+短视频"形式。

然而，不管采用哪一种形式，都能清楚地说明短视频内容和主题思想的推广方式。在借助短视频进行推广时，并不局限于某一个短视频的推广，如果抖音电商运营者打造的是相同主题的短视频系列，还可以把视频组合在一篇文章中联合推广，这样更能有助于受众了解短视频及其推广主题。

2. 朋友圈引流

朋友圈这一平台，对于抖音运营者来说，虽然它一次传播的范围较小，但是从对接收者的影响程度来说，却具有其他一些平台无法比拟的优势，具体如下。

（1）用户黏性强，很多人每天都会去翻阅朋友圈；

（2）朋友圈好友间的关联性、互动性强，可信度高；

（3）朋友圈用户多，覆盖面广，二次传播范围大；

（4）朋友圈内转发和分享方便，易于短视频内容传播。

那么，在朋友圈中进行抖音短视频推广，抖音电商运营者应注意什么呢？有3个方面需要重点关注，具体分析如下。

（1）抖音电商运营者在拍摄视频时，要注意开始拍摄时画面的美观性。因为推送到朋友圈的视频，不能自主设置封面，它显示的是开始拍摄时的画面。当然，运营者也可以通过视频剪辑的方式保证推送视频"封面"的美观度。

（2）抖音运营者在推广短视频时要做好文字描述。一般来说，呈现在朋友圈中的短视频，好友看到的第一眼就是其"封面"，没有太多信息能让受众了解该视频内容。因此，在短视频之前，要把重要的信息放上去，如图13-23所示。这样的设置，一是有助于受众了解短视频；二是设置得好，可以吸引受众点击播放。

（3）在抖音运营者利用短视频推广商品时，要利用好朋友圈评论功能。朋友圈中的文本如果字数太多，会被折叠起来，为了完整展示信息，抖音电商运营者可以将重要信息放在评论中进行展示，如图13-24所示。这样就会让浏览朋友圈的人看到推送的有效文本信息，是一种比较明智的推广短视频的方法。

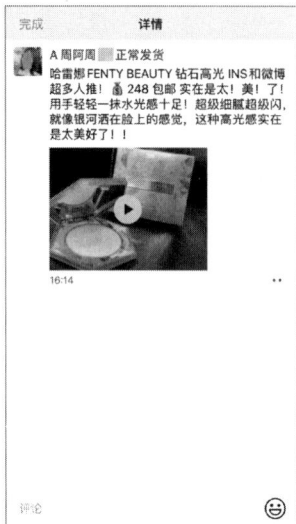

● 图13-23　做好重要信息的文字表述　● 图13-24　利用好朋友圈的评论功能

188　从QQ平台引流

腾讯QQ有两大引流利器：一是QQ群；二是QQ空间。下面分别进行说明。

1. QQ群引流

无论是微信群还是QQ群，如果没有设置"消息免打扰"的话，群内任何人发布信息，群内其他人会收到提示信息。因此，与朋友圈和微信订阅号不同，通过微信群和QQ群推广短视频，可以让推广信息直达受众，受众关注和播放的可能性也就更大。且微信和QQ群内的用户都是基于一定目标、兴趣而聚集在一起的，因此，如果运营者推广的是专业类的视频内容，那么可以选择这一类平台。

另外，相对于微信群需要推荐才能加群而言，QQ明显更易于添加和推广。目前，QQ群分出了许多热门分类，抖音电商运营者可以通过查找同类群的方式，加入进去，然后再通过短视频进行推广。QQ群推广方法主要包括QQ群相册、QQ群公告、QQ群论坛、QQ群共享、QQ群动态和QQ群话题等。

例如，利用QQ群话题推广短视频，运营者可以通过相应人群感兴趣的话题引导QQ群用户的注意力。在摄影群里，可以提出一个摄影人士普遍感觉比较有难度的摄影场景，引导大家评论，然后运营者再适时分享一个能解决这一摄影问题的短视频。这样的话，有兴趣的用户一定不会错过。

2. QQ空间引流

QQ空间是短视频运营者可以充分利用的一个好地方。当然，运营者首先应该建立一个昵称与短视频运营账号相同的QQ号，这样才能更有利于积攒人气，吸引更多人前来关注和观看。下面就为大家介绍7种常见的QQ空间推广方法，如图13-25所示。

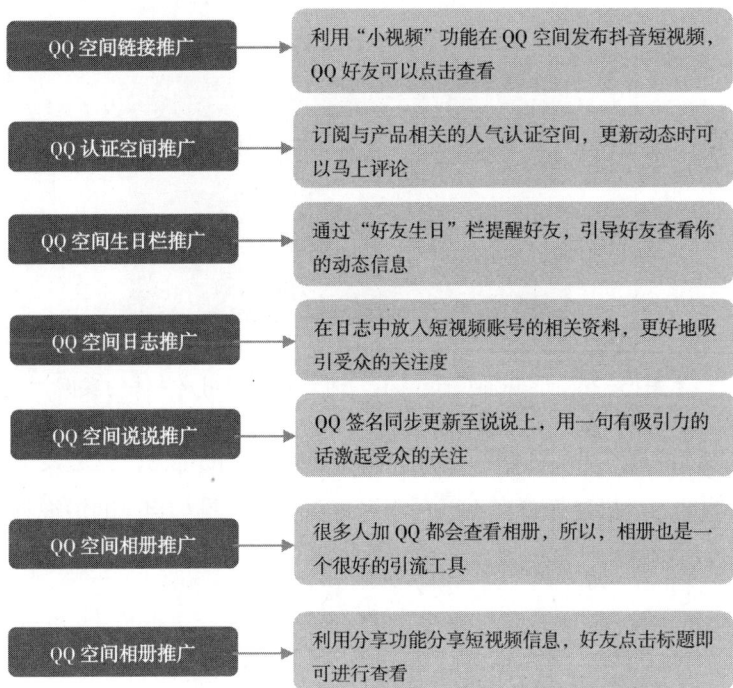

QQ 空间链接推广	利用"小视频"功能在 QQ 空间发布抖音短视频，QQ 好友可以点击查看
QQ 认证空间推广	订阅与产品相关的人气认证空间，更新动态时可以马上评论
QQ 空间生日栏推广	通过"好友生日"栏提醒好友，引导好友查看你的动态信息
QQ 空间日志推广	在日志中放入短视频账号的相关资料，更好地吸引受众的关注度
QQ 空间说说推广	QQ 签名同步更新至说说上，用一句有吸引力的话激起受众的关注
QQ 空间相册推广	很多人加 QQ 都会查看相册，所以，相册也是一个很好的引流工具
QQ 空间相册推广	利用分享功能分享短视频信息，好友点击标题即可进行查看

● 图13-25　常见的QQ空间推广方法

189　从微博平台引流

在微博平台上，运营者进行短视频推广，除了微博用户基数大，主要还是依靠两大功能实现其推广目标，即"@"功能和热门话题。

首先，在微博推广过程中，"@"这个功能非常重要。在博文里可以"@"明星、媒体、企业，如果媒体或名人回复了你的内容，就能借助他们的粉丝扩大自身的影响力。若明星在博文下方评论，则会受到很多粉丝及微博用户关注，那么短视频一定会被推广出去。

如图13-26所示，为"adidasOriginals"通过"@"某明星来推广短视频和产品以及吸引用户关注的案例。

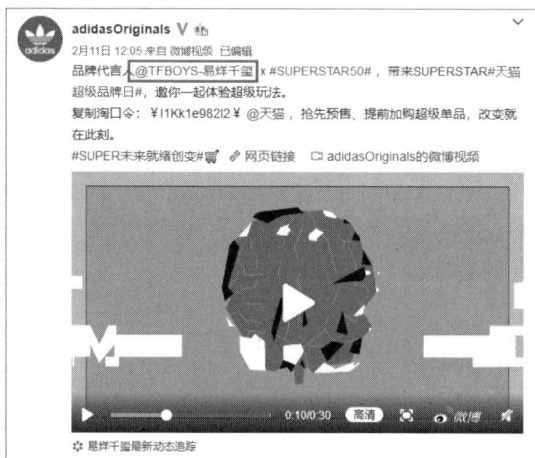

● 图13-26 "adidasOriginals"通过@吸引用户关注的案例

其次，微博"热门话题"是一个制造热点信息的地方，也是聚集网民数量最多的地方。抖音运营者可以利用好这些话题，推广自己的短视频，发表自己的看法和感想，从而提高视频的浏览量。

190 从百度平台引流

作为中国网民经常使用的搜索引擎之一，百度毫无悬念地成为互联网PC端强劲的流量入口。具体来说，抖音电商运营者借助百度推广引流主要可从百度百科、百度知道和百家号3个平台切入。下面分别对这3个方面进行解读。

1. 百度百科

百科词条是百科营销的主要载体，做好百科词条的编辑对抖音电商运营者至关重要。百科平台的词条信息有多种分类，但对于抖音运营者引流推广而言，主要的词条形式包括4种，如图13-27所示。

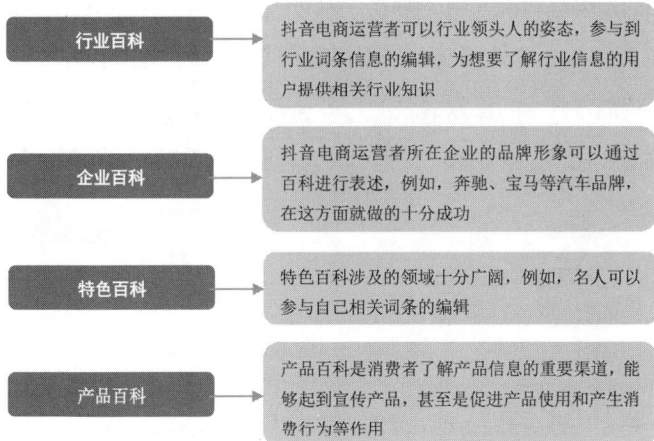

行业百科 → 抖音电商运营者可以行业领头人的姿态，参与到行业词条信息的编辑，为想要了解行业信息的用户提供相关行业知识

企业百科 → 抖音电商运营者所在企业的品牌形象可以通过百科进行表述，例如，奔驰、宝马等汽车品牌，在这方面就做的十分成功

特色百科 → 特色百科涉及的领域十分广阔，例如，名人可以参与自己相关词条的编辑

产品百科 → 产品百科是消费者了解产品信息的重要渠道，能够起到宣传产品，甚至是促进产品使用和产生消费行为等作用

● 图13-27 百度百科的主要词条形式

对于抖音企业号运营者引流推广而言，相对比较合适的词条形式无疑便是企业百科。如图13-28所示为百度百科中关于"小米手机"的相关内容，其采用企业百科的形式。在该百科词条中，"小米"这个名称多次出现，这很好地增加了小米这个品牌的曝光率。

● 图13-28 "小米手机"的企业百科

2. 百度知道

百度知道在网络营销方面，具有很好的信息传播和推广作用，利用百度知道平台，通过问答的社交形式，可以对抖音电商运营者快速、精准地定位

客户有很大帮助。百度知道在营销推广上具有两大优势：精准度和可信度高。这两种优势能形成口碑效应，对网络营销推广显得尤为珍贵。

百度知道是网络营销的重要方式，因为它的推广效果相对较好，能为企业带来直接的流量和有效的外接链。基于百度知道产生的问答营销，是一种新型的互联网互动营销方式，问答营销既能为抖音运营者植入软性广告，同时也能通过问答来挖掘潜在用户。如图13-29所示为关于"小米手机"的相关问答信息。

● 图13-29 "小米手机"在百度知道中的相关问答信息

在上面的问答信息中，不仅增加了"小米手机"在用户心中的认知度，更重要的是对小米手机的5种特色功能进行了详细的介绍。而看到该问答之后，部分用户会对小米手机产生一些兴趣，这无形之中为该品牌带来了一定的流量。

3. 百家号

百家号是百度旗下的一个自媒体平台，于2013年12月正式推出。抖音电商运营者入驻百度百家平台后，可以在该平台上发布文章。文章发布后，平台根据文章的阅读量给予运营者收入，与此同时，百家号还以百度新闻的流量资源作为支撑，能够帮助运营者进行视频推广、扩大流量。

百家号上涵盖的新闻有五大模块，即科技版、影视娱乐版、财经版、体育版和文化版，且百度百家平台排版十分清晰明了，用户在浏览新闻时非常方便。值得一提的是，除了对品牌和产品进行宣传之外，抖音运营者在引流的同时，还可以通过内容的发布，从百家号上获得一定的收益。

191 从今日头条平台引流

今日头条是一款基于用户数据行为的推荐引擎产品，同时也是短视频内容发布和变现的一个大好平台。虽然今日头条在短视频领域布局了3款独立产品（西瓜视频、抖音短视频、火山小视频），但也在自身App中推出了短视频功能。

抖音运营者可以通过在今日头条平台中发布抖音短视频的方式，达到引流的目的，下面介绍具体的操作方法。

步骤01 登录今日头条App，❶点击右上角的"发布"按钮；在弹出的对话框中❷点击"发视频"按钮，如图13-30所示。

步骤02 执行操作后，进入视频选择界面，如图13-31所示。❶选择需要发布的视频；❷点击"下一步"按钮。

● 图13-30 点击"发布"按钮

● 图13-31 视频选择界面

步骤03 进入"编辑信息"界面，如图13-32所示。在界面中编辑相关信息，编辑完成后，点击下方的"发布"按钮。

步骤04 运营者发布的短视频就会出现在"关注"界面中，如图13-33所示。

● 图13-32 "编辑信息"界面

● 图13-33 视频发布成功

192 从视频平台引流

视频相比文字图片而言，在表达上更为直观、丰满，而随着移动互联网技术的发展，手机流等因素的阻碍越来越少，视频成为时下最热门的领域，借助这股东风，爱奇艺、优酷、腾讯视频、搜狐视频等视频网站获得了飞速发展。

随着各种视频平台的兴起与发展，视频营销也随之兴起，并成为广大企业进行网络社交营销常采用的一种方法。小程序运营者可以借助视频营销，近距离接触自己的目标群体，将这些目标群体开发为自己的客户。

视频背后庞大的观看群体，对网络营销而言就是潜在用户群，而如何将这些视频平台的用户转化为店铺或品牌的粉丝，才是视频营销的关键。对于抖音电商运营者来说，最简单、有效的视频引流方式就是在视频网站上传与品牌和产品相关的短视频。

下面以爱奇艺为例进行说明。爱奇艺是一个以"悦享品质"为理念的、创立于2010年的视频网站。在短视频发展得如火如荼之际，爱奇艺也推出了信息流短视频产品和短视频业务，加入了短视频发展领域。

一方面，在爱奇艺App的众多频道中，有些频道以短视频为主导，如大家喜欢的资讯、热点和搞笑等；另一方面，它专门推出了爱奇艺纳逗App。这是一款基于个性化推荐的、以打造有趣和好玩资讯为主的短视频应用。

当然，在社交属性、娱乐属性和资讯属性等方面各有优势的短视频，爱奇艺选择了它的发展方向——娱乐性。无论是爱奇艺App的搞笑、热点频道，还是爱奇艺纳逗App中推荐的以好玩、有趣为主格调的短视频内容，都能充分地体现出来。

而对于抖音运营者来说，正是因为爱奇艺在某些频道上的短视频业务偏向和短视频App开发，让他们找到了借助抖音短视频进行推广的平台和渠道。同时，爱奇艺作为我国BAT三大视频网站之一，有着巨大的用户群体和关注度，因而如果以它为平台进行抖音短视频运营推广，通常可以获得不错的效果。

如图13-34所示为某抖音运营者在爱奇艺上发布的一条视频的截图，该运营者不仅将个人抖音号加入标题中，更在视频中以水印的形式，显示了自己的个人抖音号。通过该视频在爱奇艺平台的推广，该抖音号也将持续获得流量。

• 图13-34　某抖音运营者在爱奇艺上发布的一条视频

193　从音频平台引流

音频内容的传播适用范围更为多样，跑步、开车甚至工作等多种场景，都能在悠闲时收听音频节目，音频相比视频来说，更能满足人们的碎片化需求。对于自媒体电商运营者来说，利用音频平台宣传电商平台和抖音账号，是一条很好的营销思路。

音频营销是一种新兴的营销方式，主要以音频为内容的传播载体，通过音频节目运营品牌、推广产品。随着移动互联的发展，以音频节目为主的网络电台迎来了新机遇，与之对应的音频营销也进一步发展。音频营销的特点具体如下。

（1）闭屏特点。闭屏的特点能让信息更有效地传递给用户，这对品牌、产品推广营销而言更有价值；

（2）伴随特点。相比视频、文字等载体而言，音频具有独特的伴随属性，它不需要视觉上的精力，只需双耳在闲暇时收听即可。

下面以"蜻蜓FM"为例进行说明。"蜻蜓FM"是一款强大的广播收听应用，用户可以收听国内、海外等地区数千个广播电台。而且"蜻蜓FM"具有一些特色的功能特点，如图13-35所示。

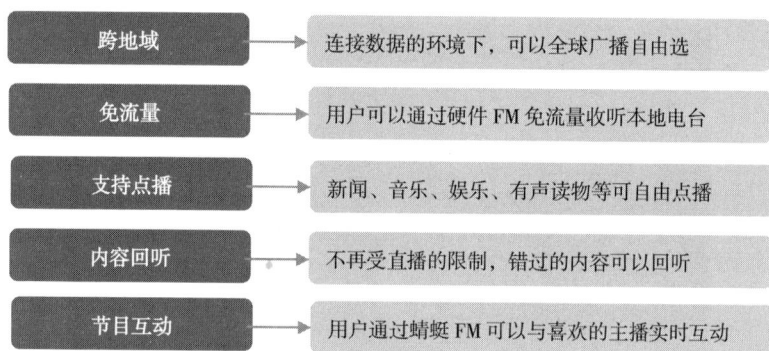

● 图13-35 "蜻蜓FM"的功能特点

在蜻蜓FM平台上，用户可以直接通过搜索栏寻找自己喜欢的音频节目。因此，抖音电商运营者只需根据自身内容，选择热门关键词作为标题可以将内容传播给目标用户。如图13-36所示，笔者在"蜻蜓FM"平台搜索"抖音"后，便出现了多个与之相关的节目。

抖音运营者应充分利用用户碎片化需求，通过音频平台发布产品信息广告，有时音频广告的营销效果相比其他形式广告要好，向听众群体的广告投放更为精准。而且，音频广告的运营成本比较低廉，十分适合本地中小企业长期推广。

例如，做餐饮的抖音电商运营者，可以与"美食"相关的音频节目组合作。因为这些节目通常有大批关注美食的用户收听，广告的精准度和效果会非常得好。

● 图13-36 "蜻蜓FM"中"抖音"的搜索结果

194 从线下平台引流

除了线上的各大平台，线下平台也是抖音引流不可忽略的渠道。目前，从线下平台引流到抖音主要有3种方式，下面，将分别进行解读。

1. 线下扫码引流

除了线下拍摄和线下转发之外，还有一种更为直接增加抖音粉丝数量的方法，那就是通过线下扫码，让进店的消费者，或者路人成为你的抖音粉丝。

当然，在扫码之前，还需有码可扫。对此，抖音运营者可以进入"我"界面，❶点击█按钮；在弹出的选择栏中，❷选择"个人名片"选项，如图13-37所示。进入"我的名片"界面，抖音运营者只需点击界面中的"保存到相册"按钮，即可下载抖音二维码，如图13-38所示。

抖音二维码下载完成后，抖音电商运营者可以将其打印出来，通过发传单，或者将抖音二维码放置在店铺显眼位置的方式，让抖音用户扫码加好友，并关注你的抖音号。

● 图13-37　选择"个人名片"选项　● 图13-38　点击"保存到相册"按钮

2. 线下拍摄引流

对于拥有实体店的抖音电商运营者来说，线下拍摄是一种比较简单有效的引流方式。通常来说，线下拍摄可分为两种：一种是抖音电商运营者及相关人员自我拍摄；另一种是邀请进店的消费者拍摄。

抖音电商运营者及相关人员自我拍摄抖音短视频时，能够引起路过的人员的好奇心，为店铺引流。而短视频上传之后，如果抖音用户对你的内容比较感兴趣，也会选择关注你的抖音账号。

而邀请进店的消费者拍摄，则可以直接增加店铺的宣传渠道。让更多抖音用户看到你的店铺及相关信息，从而达到为店铺和抖音号引流的目的。

3. 线下转发引流

可能单纯地邀请消费者拍摄短视频效果不是很明显，此时，抖音电商运营者就可以采取另一种策略。那就是在线下的实体店进行转发有优惠的活动，让消费者将拍摄好的抖音短视频转发至微信群、QQ群和朋友圈等社交平台，提高店铺和抖音号的知名度。

当然，为了提高消费者转发的积极性，抖音电商运营者可以对转发的数量，以及转发后的点赞数等给出不同的优惠力度。这样，消费者为了获得更大的优惠力度，自然会更卖力地进行转发，而转发的实际效果也会更好。

第14章

获利转化：深度挖掘
抖音粉丝的购买力

为什么要做抖音运营？对于这个问题，许多人最直接的想法可能就是借助抖音赚到一桶金。

确实，抖音是一个潜力巨大的市场。但是，它也是一个竞争激烈的市场。所以，要想在抖音中年赚上百万，抖音电商运营者还得掌握一些实用的收益转化技巧，深度挖掘抖音粉丝的购买力。

要点展示：

- ➤ 自营店铺获利
- ➤ 赚取佣金获利
- ➤ 微商卖货获利
- ➤ 销售课程获利
- ➤ 有偿服务获利
- ➤ 账号出售获利
- ➤ 出版图书获利

- ➤ 广告代言获利
- ➤ 直播礼物获利
- ➤ 直播销售获利
- ➤ 平台导流获利
- ➤ 社群运营获利
- ➤ IP增值获利
- ➤ 引流线下获利

195　自营店铺获利

抖音短视频最开始的定位是一个方便用户分享美好生活的平台，而随着商品分享、商品橱窗等功能的开通，抖音短视频开始成为一个带有电商属性的平台，并且其商业价值也一直被外界所看好。

对于拥有淘宝等平台店铺和开设了抖音小店的抖音运营者来说，通过自营店铺直接卖货无疑是一种十分便利、有效的变现方式。抖音电商运营者只需在商品橱窗中添加自营店铺中的商品，或者在抖音短视频中分享商品链接，其他抖音用户即可点击链接购买商品，如图14-1所示。而商品销售出去之后，抖音电商运营者可以直接获得收益。

●图14-1　点击链接购买商品

196 赚取佣金获利

抖音短视频平台的电商价值快速提高，其中一个很重要的原因就是随着精选联盟的推出，抖音用户即便没有自己的店铺也能通过帮他人卖货赚取佣金。也就是说，只要抖音账号开通了商品橱窗和商品分享功能，即可通过引导销售获得收益。

当然，在添加商品时，抖音电商运营者可以事先查看每单获得的收益。以童装类商品为例，抖音电商运营者可以直接搜索童装，查看相关产品每单可获得的收益。如果想要提高每单可获得的收益，还可以点击"佣金率"按钮，让商品按照获取佣金的比率进行排列，如图14-2所示。

●图14-2　添加商品时查看每单的收益

商品添加完成之后，抖音电商运营者可以通过其他用户点击商品橱窗中的商品，或短视频的商品链接，购买商品，按照表示的佣金获得收益了。获取的佣金，抖音电商运营者通过在"商品橱窗"界面中点击"佣金收入"按钮，进入"佣金收入"界面中进行查看，如图14-3所示。

● 图14-3　查看佣金收入

197　微商卖货获利

微信卖货和直接借助抖音平台卖货虽然销售的载体不同，但也有一个共同点，那就是要有可以销售的产品，最好是有自己的代表性产品。而微商卖货的重要一步就在于，将抖音用户引导至微信等社交软件。

将抖音用户引导至社交软件之后，可以通过将微店产品链接分享至朋友圈等形式，对产品进行宣传，如图14-4所示。只要用户点击链接购买商品，微商便可以直接赚取收益了。

● 图14-4　微信朋友圈宣传产品

198　销售课程获利

对于部分自媒体和培训机构来说，可能自身无法为消费者提供实体类的商品。那么，是不是对于他们来说，抖音短视频平台的主要价值就是积累粉丝，进行自我宣传的一个渠道呢？

很显然，抖音短视频平台的价值远不止如此，只要自媒体和培训机构拥有足够的干货内容，同样能够通过抖音短视频平台获取收益。比如，可以在抖音短视频平台中通过开设课程招收学员的方式，借助课程费用赚取收益。

图14-5所示为某抖音账号的商品橱窗界面，可以看到该商品橱窗中列出了课程，而其他抖音用户只需点击进入，即可购买对应的课程。很显然这是直接通过售卖课程的方式实现获利的。

• 图14-5 销售课程变现

199 有偿服务获利

有的抖音账号既不能为消费者提供实物类的商品，也没有可供开设课程的干货内容。那么，这一类抖音账号应如何进行变现呢？其实，如果能够在抖音短视频平台中提供有偿服务，同样也是能够获得收益的。图14-6所示为某抖音账号中的Excel培训服务。

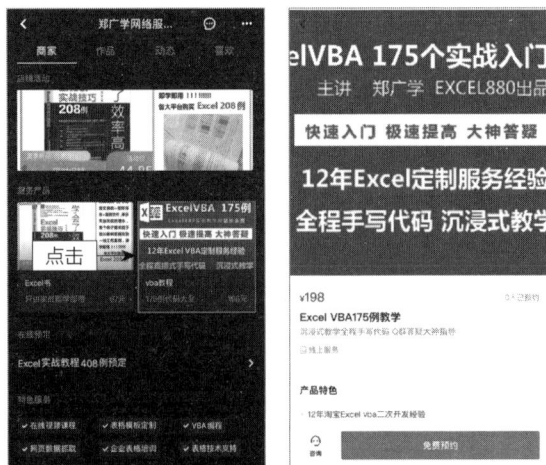

• 图14-6 有偿服务获利

200 账号出售获利

在生活中，无论是线上还是线下，都是有转让费存在的。而这一概念随着时代的发展，逐渐有了账号转让的存在。同样的，账号转让也是需要接收者向转让者支付一定的费用，最终使得账号转让成为获利的方式之一。

而对抖音平台而言，由于抖音号更多的是基于优质内容发展起来的，因此，抖音号转让获利通常比较适合发布了较多原创内容的账号。如今，互联网上关于账号转让的信息非常多，在这些信息中，有意向的账号接收者一定要慎重对待，不能轻信，且一定要到比较正规的网站上操作，否则很容易受骗上当。

例如，鱼爪平台提供了抖音账号的转让服务。图14-7所示为"抖音号交易"界面。如果抖音电商运营者想出售自己的抖音账号，可点击"抖音号交易"界面中的"我要出售"按钮，即可进入"我要出售"界面。

● 图14-7 "抖音号交易"界面

在"我要出售"界面中，❶填写相关信息；❷点击"确认发布"按钮，即可发布抖音账号转让信息，如图14-8所示。在转让信息发布之后，只要账号售出，抖音电商运营者便可以完成账号转让获利。

当然，在采取这种变现方式之前，抖音电商运营者一定要考虑清楚。因为账号转让相当于将账号直接卖掉，一旦交易达成，抖音电商运营者将失去账号的所有权。如果不是专门做账号转让的抖音电商运营者，或不是急切需要进行获利，笔者不建议采用这种方式。

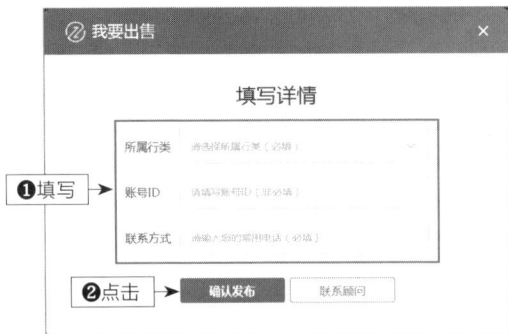

● 图14-8 "我要出售"界面

201 出版图书获利

图书出版，主要是指抖音电商运营者在某一领域或行业经过一段时间的经营，拥有了一定的影响力或者有一定经验之后，将自己的经验进行总结，然后进行图书出版，以此获得收益的盈利模式。

短视频原创作者采用出版图书这种方式去获得盈利，只要抖音短视频运营者本身有基础与实力，那么收益还是很乐观的。例如，抖音号"一禅小和尚"便是采取这种方式获得盈利的。"一禅小和尚"通过抖音短视频的发布，积累了4 700多万粉丝，成功塑造了一个IP。图14-9所示为"一禅小和尚"的抖音主页。

● 图14-9 "一禅小和尚"的抖音主页

因为经常在抖音中发布情感类视频，这些作品获得了许多抖音用户的关注。所以"一禅小和尚"编写了一本相关的图书，如图14-10所示。

● 图14-10 "一禅小和尚"编写的图书

该书出版之后短短几个月，单单"一禅小和尚"这个抖音号售出的数量便超过了300本。由此可看出这本书的受欢迎程度。而这本书之所以如此受欢迎，除了内容对读者有吸引力之外，与一禅小和尚这个IP也是密不可分的，一些抖音用户就是冲着"一禅小和尚"这个IP来买书的。

另外，当你的图书作品火爆后，还可以通过售卖版权来获利，小说等类别的图书版权可以拍电影、拍电视剧或者网络剧等，这种收入相当可观。当然，这种方式可能比较适合那些成熟的短视频团队，如果作品拥有了较大的影响力，可进行版权盈利转化。

202 广告代言获利

当抖音电商运营者的抖音积累了大量粉丝，账号成了一个知名度比较高的IP之后，可能就会被邀请做广告代言。此时，抖音运营者可以赚取广告费的方式，进行IP收益转化。

抖音中通过广告代言收益转化的IP还是比较多的，它们共同的特点就是粉丝数量多，知名度比较高。图14-11所示为张大仙的抖音主页，可以看到其粉丝量便超过了2 000万。

正因为有如此多的粉丝，张大仙成功接到了一些广告代言。图14-12所示为张大仙的代言宣传海报。

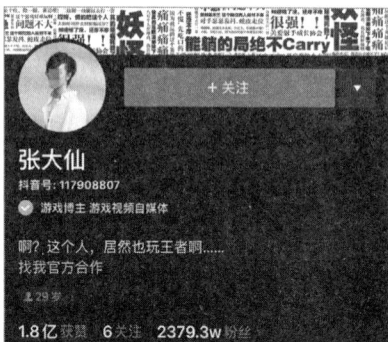

●图14-11 张大仙的抖音主页

●图14-12 张大仙的代言宣传海报

203 直播礼物获利

对于那些有直播技能的主播来说，最主要的获利方式就是通过直播来赚钱了。粉丝在观看主播直播的过程中，可以在直播平台上充值购买各种虚拟的礼物，在主播的引导或自愿情况下送给主播，而主播可以从中获得一定的比例提成以及其他收入。

这种获利方式要求人物IP具备一定的语言和表演才能，而且要有一定的特点或人格魅力，能够将粉丝牢牢地"锁在"你的直播间，而且还能够让他们主动为你花费钱财购买虚拟礼物。

直播在许多人看来就是在玩，毕竟，大多数直播都只是一种娱乐。但不可否认的是，只要玩得好，玩着就能把钱给赚了。因为主播们可以通过直播，获得粉丝的打赏，而打赏的这些礼物又可以直接兑换成钱。

当然，要通过粉丝送礼变现，首先需要主播拥有一定的人气。这就要求主播自身要拥有某些过人之处，只有这样，才能快速积累粉丝数量。

在直播的过程中，还需要一些粉丝帮衬。图14-13所示为粉丝给主播送礼物的相关界面，可以看到在画面中，粉丝都是扎堆送礼物的。

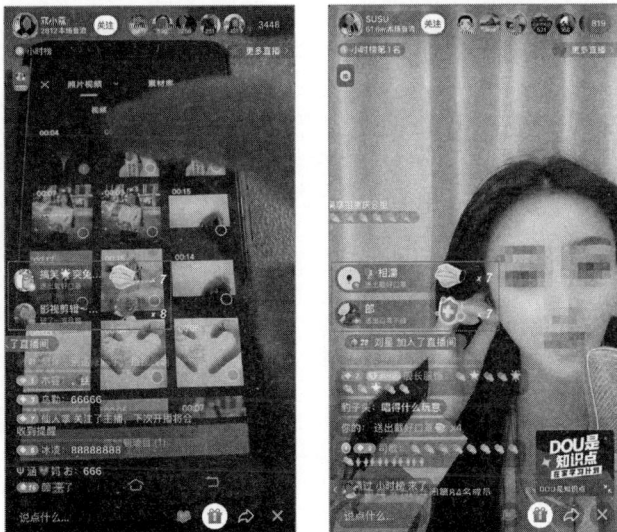

●图14-13 粉丝给主播送礼物的相关界面

这主要是因为很多时候，人都有从众心理，所以，如果有粉丝带头给主播送礼物时，其他人也会跟着送，这就在直播间形成了一种氛围，让看直播的其他受众在压力之下，因为觉得不好意思，或是觉得不能白看，也跟着送礼物。

获得粉丝赠送的礼物之后，主播可以在抖音短视频App进行提现。下面简单介绍在抖音平台上提现的步骤。

步骤01 登录抖音短视频App，在"我"界面中❶点击▇按钮；在弹出的菜单栏中❷选择"钱包"选项，如图14-14所示。

步骤02 进入"钱包"界面，选择界面中的"直播音浪"选项，如图14-15所示。

步骤03 进入"直播收益"界面，如图14-16所示。在该界面中选择"提现"选项，然后根据提示进行操作，即可完成提现操作。

● 图14-14　选择"钱包"选项

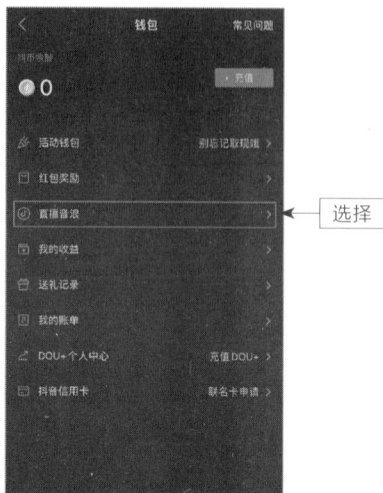

● 图14-15　选择"直播音浪"选项

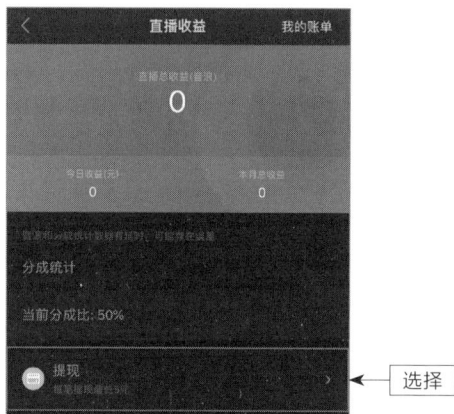

● 图14-16　"直播收益"界面

204　直播销售获利

通过直播，主播可以获得一定的流量。如果抖商能够借用这些流量进行产品销售，让受众边看边买，直接将主播的粉丝变成店铺的潜在消费者。而且相比于传统的图文营销，这种直播导购的方式可以让用户更直观地把握产品，它取得的营销效果往往也要更好一些。

以抖音为例，运营者可以进入开直播界面，点击右侧的"商品"按钮，进入"添加商品"界面，如图14-17所示。在"添加商品"界面中，抖音运营者可以通过点击"添加"按钮，在直播中添加商品。

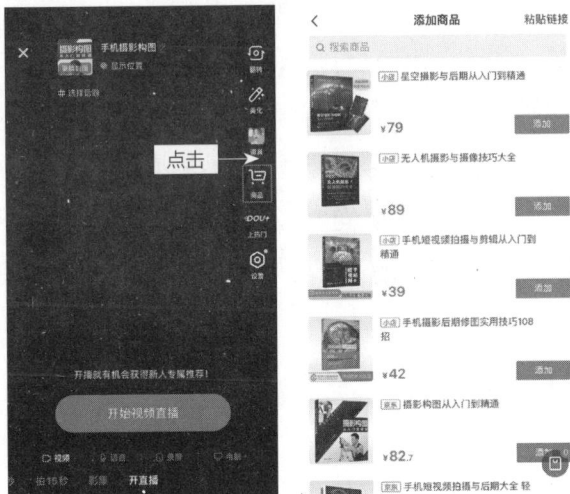

图14-17 在直播中添加商品

添加商品之后，抖音运营者如果开启直播，那么，直播界面中就会出现 🖽 图标，如图14-18所示。抖音运营者可以点击 🖽 图标，进入"直播商品"界面，查看直播中插入的商品，还可以点击"讲解"按钮，对商品进行介绍，引导用户购买商品，如图14-19所示。

图14-18 直播界面中出现 🖽 图标

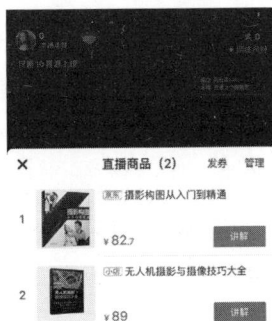

图14-19 "直播商品"界面

另外，开启直播之后，观看直播的用户点击直播界面中的■图标，则可查看直播间销售的商品，有需要的还可以直接进行购买。而用户购买商品之后，抖音运营者便可以借助直播销售实现获利了。

在通过直播卖货进行转化时，需要特别注意两点。

其一，主播一定要懂得带动气氛，吸引用户驻足。这不仅可以刺激用户购买产品，还能通过庞大的在线观看数量，让更多用户主动进入直播间。

其二，要在直播中为用户提供便利的购买渠道。因为有时候用户购买产品只是一瞬间的想法，如果购买方式太麻烦，用户可能会放弃购买。而且在直播中提供购买渠道，也有利于主播为用户及时答疑，增加产品的成交率。

205   平台导流获利

部分抖音电商运营者可能同时经营多个线上平台，而且抖音还不是其最重要的平台。对于这一部分抖音电商运营者来说，通过一定的方法将抖音粉丝引导至特定的其他平台，让抖音粉丝在目标平台中发挥力量就显得非常关键了。

一般来说，在抖音中可以通过两种方式将抖音用户引导至其他平台。

一是通过链接引导；

二是通过文字、语音等表达进行引导。

通过链接导粉比较常见的方式就是在视频或直播中将销售的商品插入其他平台的链接，此时，抖音用户只需点击链接，即可进入目标平台，如图14-20所示。

当抖音用户进入目标平台之后，抖音电商运营者则可以通过一定的方法，如发放平台优惠券，将抖音用户变成目标平台的粉丝，让抖音用户在该平台上持续贡献购买力。

● 图14-20　点击链接进入目标平台

206　社群运营获利

在抖音短视频平台上运营一段时间之后，随着知名度和影响力的提高，如果你在抖音中留下了微信等联系方式，会有人开始申请加你为好友。图14-21所示为笔者的微信好友申请界面，可以看到其中有很多人来自抖音平台。

我们可以好好利用这些人群，从中寻找商机。比如，这些来自抖音的人群，都有具体的需求，有的人是想学习抖音如何运营，有的人是想学习如何做营销。对此，我们可以根据人群的具体需求进行分类，然后将具有相同需求的人群拉进同一个微信群，构建社群，并通过社群的运营寻找更多商机。

图14-22所示为某位抖音运营者创建的一个培训群，可以看到其微信群成员达到了155个。这么多人，其转化能力也可想而知了。

• 图14-21　微信好友申请界面

• 图14-22　某微信社群

207　IP增值获利

抖音电商运营者要把个人IP做成品牌，当粉丝达到一定数量后可以向娱乐圈发展，如拍电影电视剧、上综艺节目以及当歌手等，实现IP的增值，从而更好地进行获利。如今，抖音平台上就有很多"网红"进入娱乐圈发展，包括费启鸣、摩登兄弟刘宇宁和冯提莫等。

例如，作为一个颜值和动人歌喉兼具的主播，费启鸣在抖音上发布了大量歌唱类短视频。如今费启鸣成为拥有近2 000万粉丝的大IP。图14-23所示为费启鸣的抖音主页。

正因为在抖音平台上的巨大流量，费启鸣不仅被许多音乐人看中，推出了众多量身定制的单曲，更获得了影视剧导演邀请。图14-24所示为费启鸣参演的电视剧的海报图。

•图14-23　费启鸣的抖音主页

•图14-24　费启鸣参演的
电视剧的海报图

208　引流线下获利

抖音用户都是通过抖音短视频App来查看线上发布的相关短视频，而对于一些在线上没有店铺的抖音运营商来说，就是通过短视频将线上的抖音用户引导至线下，让抖音用户到实体店打卡。

除此之外，抖音电商运营者将短视频上传之后，附近的抖音用户还可在同城版块中看到你的抖音短视频。再加上POI功能的指引，可以有效地将附近的抖音用户引导至线下实体店。具体来说，其他抖音用户可以在同城版块中通过以下操作了解线下实体店的相关信息。

步骤01　登录抖音短视频App，点击推荐界面中的"同城"（会根据所在位置变为城市名）按钮，如图14-25所示。

步骤02　进入同城版块，在该版块中可以看到同城的直播和短视频，如果店铺位置进行了POI认证，其抖音短视频下方便会出现🍴图标。抖音用户可以点击对应的短视频进行查看，如图14-26所示。

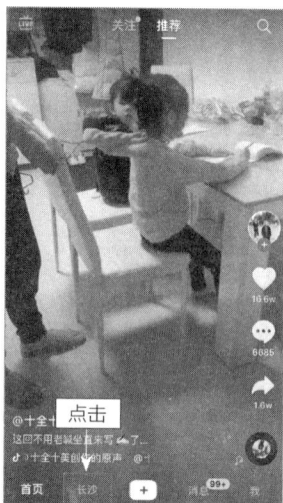

● 图14-25　点击城市名按钮

● 图14-26　点击对应的短视频

步骤03　进入短视频播放界面，点击📍图标对应的位置，如图14-27所示。

步骤04　即可查看该店铺的相关信息，如图14-28所示。除此之外，抖音用户还可直接点击界面中的定位，借助导航功能直接去线下实体店打卡。

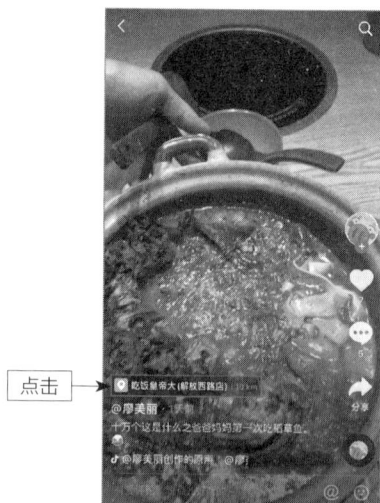

● 图14-27　点击📍图标对应的位置

● 图14-28　查看店铺的相关信息

抖音电商运营者可以通过POI信息界面，建立与附近粉丝直接沟通的桥梁，向他们推荐商品、优惠券或者店铺活动等，从而有效地为线下门店导流，同时能够提升转化效率。

POI的核心在于基于地理位置的"兴趣点"来链接用户痛点与企业卖点，从而吸引目标人群。大型的线下品牌企业还可以结合抖音的POI与话题挑战赛来进行组合营销，通过提炼品牌特色，找到用户的"兴趣点"来发布相关的话题。这样可以吸引大量感兴趣的用户参与，同时让线下店铺得到大量曝光，而且精准流量带来的高转化也会为企业带来高收益。

例如，"广州长隆"是一个非常好玩的地方，许多长沙地区的人都会将其作为节假日的重点游玩选项，基于用户的这个"兴趣点"，在抖音上发起了"#广州长隆"的话题挑战，并发布一些带POI地址的景区短视频，对景区感兴趣的用户看到话题中的视频后，通常都会点击查看。此时进入POI详情页，即可看到广州长隆的详细信息。这种方法不仅能够吸引粉丝前来景区打卡，而且还能有效提升周边商家的线下转化率。

在抖音平台上，只要有人观看你的短视频，就能产生触达。POI拉近了企业与用户的距离，在短时间内能够将大量抖音用户引导至线下，方便了品牌进行营销推广和商业变现。而且POI搭配话题功能和抖音天生的引流带货基因，同时也让线下店铺的传播效率和用户到店率得到提升。